Filho Adotivo

ANTÔNIO CARLOS
VERA LÚCIA MARINZECK DE CARVALHO

Filho Adotivo

1ª Edição: Setembro/91 – 5.000 exemplares
2ª Edição: Janeiro/92 – 3.000 exemplares
3ª Edição: Maio/92 – 5.000 exemplares
4ª Edição: Fevereiro/93 – 5.000 exemplares
5ª Edição: Outubro/93 – 5.000 exemplares
6ª Edição: Julho/94 – 5.000 exemplares
7ª Edição: Outubro/94 – 10.000 exemplares
8ª Edição: Março/95 – 10.000 exemplares
9ª Edição: Setembro/95 – 10.000 exemplares
10ª Edição: Junho/96 – 15.000 exemplares
11ª Edição: Agosto /97 – 15.000 exemplares

Capa, criação e arte final: **Flávio Machado**
Revisão: **João Duarte de Castro**
Editoração: **Luiz Carlos Pasqua**
Foto da capa: **Marcelo Kura**
Foltolito da capa: **STAP – Studio Gráfico**

133.9 Carlos, Antônio (Espírito)
C28f Filho Adotivo / pelo Espírito Antônio Carlos; psicografado por Vera Lúcia Marinzeck de Carvalho
São Paulo: Petit, 1993. 121 p.

1. Espiritismo 2. Romance mediúnico
I. Carvalho, Vera Lúcia Marinzeck de
II. Título

CDU: 133.9

I S B N - 85-7253-003-7

Impresso no inverno de 1997 – São Paulo, Brasil

Filho Adotivo

ANTÔNIO CARLOS
VERA LÚCIA MARINZECK DE CARVALHO

PETIT EDITORA E DISTRIBUIDORA LTDA.
Rua Atuaí, 383 — V. Esperança — Fone: (011) 684-6000
CEP: 03646-000 — São Paulo — SP

Correspondência para
Caixa Postal: 67545 — Ag.: Almeida Lima
CEP: 03102-970 — São Paulo — SP

Outros livros psicografados pela médium
Vera Lúcia Marinzeck de Carvalho

Com o Espírito Antônio Carlos:

– Reconciliação
– Cativos e Libertos
– Copos que Andam
– Muitos são os Chamados
– Reparando Erros
– A Mansão da Pedra Torta
– Palco das Encarnações
– Aconteceu

Com o Espírito Patrícia:

– Violetas na Janela
– Vivendo no Mundo dos Espíritos
– A Casa do Escritor
– O Vôo da Gaivota

Com espíritos diversos:

– Valeu a Pena
– Perante a Eternidade

Dedicamos

Aos pais, que conseguiram amar filhos alheios como próprios, nosso respeito e admiração.

O Autor

Aos meus filhos: Gustavo, Angélica e Vanessa com todo meu amor de mãe. E, em especial, ao José Carlos Braghini, meu mestre espiritual encarnado.

A Médium

Agradecemos a

– João Duarte de Castro
– Antonina Barbosa Negro
– Leila de Fátima Ap. de Souza Sotta

Índice

Prefácio

Esta série de magníficos romances de Antônio Carlos, com psicografia de Vera Lúcia Marinzeck de Carvalho, iniciou-se com *Reconciliação*.

Ao encerrar o Prefácio desse primeiro livro da dupla impecável, disse eu o seguinte: “Sem querer fazer predição, acredito que este Romance estará ocupando muito brevemente um lugar de destaque na Literatura Espírita”. E não deu outra coisa: a primeira edição do *Reconciliação* esgotou-se rapidamente e outras se seguiram com a mesma excelente aceitação por parte dos leitores. Nem poderia ser diferente, uma vez que *Reconciliação* (e eu disse isso também no referido Prefácio) é um Romance que impressiona e agrada, a história é envolvente e sugestiva, o tema é empolgante, o estilo é atraente, a leitura é dinâmica.

Antônio Carlos é, indiscutivelmente, um escritor exuberante, um romancista privilegiado, e Vera Lúcia, sem sombra de dúvida, um instrumento mediúnico fiel e competente. Daí que os resultados só poderiam ter a alta qualidade literária que têm; com todos os ingredientes necessários e indispensáveis para agradar os apreciadores de obras do mais elevado padrão.

Após *Reconciliação*, surgiram *Copos que Andam* e *Cativos e Libertos* que só fizeram confirmar e reafirmar as virtudes do primeiro trabalho da “dupla dinâmica”.

E agora, ainda através do ditado de Antônio Carlos e pela escrita de nossa querida Vera Lúcia, surge mais um “filho literário”, mas legítimo, apesar do título: *Filho Adotivo*!

O que eu tinha a dizer a respeito deste Romance já o disse na contracapa e, depois, já está ficando monótono elogiar as virtudes dos responsáveis por esta tarefa soberba. E repetitivo, também. Não fora eu o grande admirador que sou, declarado e confesso, desse Autor de escritos de tão superior qualidade!

E lembrar que minha colaboração nesta seqüência de trabalhos começou por via indireta, através do pedido da querida Antonina Barbosa Negro, quando – valendo-se de nossa grande amizade – encaminhou-me os primeiros originais para que os apreciasse. E imaginar que, visto tratar-se de obra mediúnica, fique com um pé atrás antes de iniciar a leitura, dada a proliferação de textos medíocres dessa natureza no mercado livreiro espírita. Mas foi por apreciar tanto sua qualidade literária, estilo, trama, linguagem, tudo enfim, que me tornei "padrinho" da equipe. Não que seja lá um "padrinho" de grande importância, mas, afinal, coloquei-me à disposição para monitorar o trabalho.

Resultado: os "afilhados" usando e abusando de tal concessão... assoberbaram-me de serviço! Serviço esse que, aliás, é-me muito gratificante.

João Duarte de Castro

1

A Inválida

Defrontei-me com um bem cuidado jardim, que circundava a frente de uma bela e confortável residência, situada num bairro nobre de uma grande cidade brasileira.

Flores singelas perfumavam a varanda em forma de U, que abrigava cadeiras confortáveis, demonstrando ser uma parte da casa admirada por seus moradores.

– Que bom que tenha vindo, Antônio Carlos! Alegro-me e agradeço sua presença. Estava à sua espera – disse Antônia, vindo ao meu encontro.

Antônia me é muito querida. Participamos juntos, por muito tempo, de um trabalho devotado nas enfermarias de um Hospital no Plano Espiritual, onde, de interna, passou a auxiliar com dedicação, compreendendo os enfermos e lembrando os próprios infortúnios de outrora.

Encontrava-se, no momento, em missão de caráter particular junto a seus entes queridos. Defrontando-se com um delicado problema, minha amiga pedira meus conselhos e auxílio.

– Sou muito grata aos nossos mentores, que permitiram sua presença aqui. Venha, Antônio Carlos, entremos – falou Antônia, indicando-me o caminho.

Passamos à sala de estar: ambiente espaçoso e decorado com gosto. Ao lado de uma grande janela, dando vista para o jardim, estava sentada em cadeira de rodas uma senhora de agradável semblante. Muito magra, de cabelos encaracolados que caíam aos ombros, olhos verdes tristonhos e expressivos, olhava distraída para o jardim. Rugas profundas marcavam-lhe a testa, demonstrando preocupações.

Aproximamo-nos.

– É Ofélia, pessoa boníssima, a quem devo tanto... – esclareceu-me Antônia.

Ofélia saiu do seu torpor suspirando, olhou pela sala para certificar-se que estava realmente sozinha, retirou do bolso uma carta e segurou-a contra o peito. Lágrimas doloridas desceram-lhe pelas faces pálidas.

– Deve contar com quarenta anos de idade – comentei, observando-a.

– Quarenta e um – esclareceu Antônia. – Há onze anos está sem andar, nesta cadeira de rodas, após violento acidente.

Ofélia não nos viu, não era médium, porém estava com sua intuição aflorada pelos anos de meditação, pela oração sincera e diária e por sua resignação. Bastou Antônia mencionar o acidente para que ela o recordasse.

Acompanhamos suas lembranças:

Em uma tarde, saíra a passear com os filhinhos. Os pequenos inquietos tomavam-lhe toda a atenção de mãe extremosa e cuidadosa. Ia orgulhosa de sua família, pois para ela não havia rebentos mais lindos. Todos arrumados como se fossem a uma festa, chamavam a atenção dos passantes, principalmente a menina, que parecia uma boneca, em seu vestido de rendas e seu jeitinho dengoso. De repente, a caçula escapa-lhe das mãos, indo em direção da rua movimentada.

– Carla! – gritou apavorada –, volte!

A menina pareceu nem ouvir e começou a atravessar a rua. Ofélia viu apavorada um carro vindo ao encontro dela, em alta velocidade. Correu atrás da filha e, naquele instante, só pensou em salvá-la, quando instintivamente saltou e empurrou-a para a calçada. O motorista tudo fez para evitar o acidente, mas não conseguiu parar a tempo e nem ela pode evitar o choque com o veículo.

Ofélia sentiu o baque, ouviu o barulho e, com esforço, procurou a filha. Quando a viu de pé a seu lado, perdeu os sentidos.

Acordou dias após, em um hospital, porém as lembranças do acidente vieram aos poucos, pois só se preocupava com as crianças. Quis vê-las e, quando as viu bem, chorou emocionada.

Ao ficar a sós orou agradecida, repetindo como sempre:

"Obrigado meu Deus, por ter salvo minha filha!"

Quarenta dias ficou em tratamento intensivo, dormindo muito e com o corpo quase todo gessado. Ao melhorar, transferiram-na para um quarto, onde sentiu-se mais forte e tranqüila. Notou então que não sentia as pernas.

"Deve ser pelo gesso" – pensava.

Não querendo preocupar-se, só cuidava de ficar boa e regressar ao lar e, assim, não deu mais atenção ao fato, até que o gesso foi retirado. Aí, tentou mover as pernas, mas não conseguiu. Olhou aflita para o médico e recebeu a explicação.

– Dona Ofélia, a senhora não poderá caminhar, por algum tempo, pois foram muitas as fraturas...

– Fale a verdade! Devo saber... Estou inválida? Andarei novamente?

– Que podemos nós, simples médicos, afirmar? O futuro pertence a Deus, o progresso da Medicina é grande, todos os dias surgem novidades e...

Parou o bondoso clínico, procurando uma melhor explicação.

– Entendo doutor, não andarei mais.

– Por enquanto, não, Dona Ofélia. Acharemos um modo de ajudá-la e, então, voltará a andar.

Chorou muito, pois nunca dera valor às pernas com que se locomovia, e nunca tinha pensado na importância delas.

"Não correrei mais com meus filhos! Não andarei mais!" – repetia lastimando-se.

Depois da crise de choro, tornou-se apática e tristonha, evitando a todos e respondendo com monossílabos às indagações que lhe faziam. Ao receber alta, não quis voltar para o lar, preferindo ficar no hospital.

Paulo, seu esposo, não se conformou e insistiu:

– Ofélia, querida, não recuse retornar ao nosso lar, pois necessitamos muito de você!...

– Ninguém necessita de uma inválida!

– Não fale assim, necessitamos de você. Estamos unidos pelo amor, não só na alegria, mas também nas dificuldades. A luta é nossa e venceremos. Voltará a andar, tenho esperança e confio. Visitaremos os melhores médicos e ficará curada, será questão de tempo. Deve ter paciência, reaja, não fique assim, pois sofremos com você. Caso contrário, vamos sentir-nos rejeitados. As crianças já pensam que não gosta mais delas, que não são mais importantes para você. Medite, Ofélia, foi heroína, ao salvar nossa filha e agora se acovarda?! Teve coragem para enfrentar a morte e não tem para enfrentar a vida? Que seria de nós, Ofélia, se você tivesse morrido? Somos gratos a Deus, por nos ter deixado você. As crianças e eu sentimos muito sua falta, e elas perguntam, a cada instante, quando voltará.

– Mas, Paulo, não será a mesma coisa. Não poderei correr, brincar, passear com elas.

– Graças a Deus, Ofélia, podemos ter babás, empregadas, substituindo você nos trabalhos físicos, porém, querida, ninguém poderá substituir seus carinhos e amor. Quem conversará com eles? Quem dará ordens na casa? Quem manterá a paz entre eles? Ou supervisionará para que sejam bem cuidados? Não sei fazer isso, não tenho tempo, enquanto que você sempre o fez e deve continuar assim. Nossos filhos esperam-na ansiosos e já discutem planejando quem a ajudará primeiro. Sabem que voltará numa cadeira de rodas, mas que voltará. É de sua presença que necessitamos e não nos importa como. Queremos você conosco!

Paulo chorou comovido.

Ofélia entendeu, então, que não sofria sozinha.

O esposo tinha razão e seus filhos deveriam estar tristes, sentindo sua falta, pois nunca havia se separado deles antes. Se Deus a poupara, deixando-a porém inválida, deveria ter seus motivos. Não deveria ser egoísta. Por que fazer sofrer os entes que amava ? Não poderia andar, mas amava-os como antes, ou mais ainda e, sendo assim, caberia a ela regressar ao lar e tranqüilizá-los. O importante era a felicidade deles, pois a ela bastava tê-los e ser amada, ciente de que o carinho que receberia, lhe daria forças e esperança para continuar vivendo e voltar a andar.

– Paulo, prepara-me, voltarei com você, querido.

– Obrigado, Ofélia!

A enfermeira trouxe a cadeira, bonita, nova, comprada pelo esposo, para seu melhor conforto. Olhou-a e sentiu que a cadeira iria ser, dali para a frente, sua companheira por anos. Porém afastou a idéia e procurou alegrar-se.

As crianças ficaram tão contentes em vê-la em casa, cercando-a de mimos e carinhos, que se arrependeu de não ter voltado antes e de ter se amargurado tanto. Sentiu-se bem no lar.

Logo retomou a direção da casa e sua sogra pôde ir embora. A mãe de Paulo ficara com as crianças durante o tempo em que esteve no hospital. Ofélia agradeceu de coração D. Ivone, reorganizou os horários e os afazeres domésticos, planejando ficar e cuidar dos filhos do melhor modo possível.

Aprendeu a lidar com a cadeira de rodas e logo estava se locomovendo com facilidade pela casa toda. Esforçou-se e, aos poucos, foi conseguindo cuidar de si mesma.

Começaram, então, as visitas aos facultativos de renome. As explicações ouvidas eram sempre as mesmas. Estava viva por milagre, havia fraturado a coluna dorsal e não poderia andar mais.

Foi diminuindo a esperança de andar novamente e, aumentando a coragem, recusou-se a consultar novos especialistas.

– Paulo – pediu ela –, por favor, vamos parar com essas visitas a consultórios médicos à procura de milagres, pois isso só nos está fazendo sofrer. Estou bem, conformei-me, aceite-me assim, por favor.

– Ofélia, amo-a. Só sua presença é felicidade para nós. Faremos sua vontade, mas ficarei atento e, se surgir algum tratamento...

– Aí, iremos experimentá-lo.

Resignou-se e aceitou sua provação como sendo uma vontade do Alto, como algo que tinha que ser. Passou a querer bem sua cadeira, como uma companheira que a ajudava a locomover-se, que lhe substituía as pernas. Esforçou-se no começo para não se queixar, lutou contra a autopiedade, passou a se dedicar com todo carinho aos problemas dos seus, facilitando e alegrando a vida deles.

Faleceram os sogros e a família ficou sendo somente os cinco. As crianças acostumaram-se com ela na cadeira de rodas, achavam isso normal e, assim, os anos foram passando sem novidades.

Ofélia despertou de suas lembranças com um suspiro, limpando as lágrimas. Olhou para o jardim, seu recanto preferido.

Não estava com vontade de ir à varanda, onde passava sempre horas, a ler, bordar e admirar suas flores.

Aproximei-me dela e vi suas pernas fracas, definhando.

– Deve sentir muitas dores, comentei.

– Sente sim – esclareceu Antônia –, mas não se queixa, não reclama e até evita comentários sobre isso. É o anjo deste lar.

Ofélia olhou para a carta que tinha nas mãos, abriu-a e a releu. Era de suas irmãs Rosa e Zélia. Contavam de maneira simples suas dificuldades, em Recife, após a morte de Odair, esposo de Zélia, ocorrida há mais de seis meses. Estavam sem meios de sobrevivência, com dificuldades em conseguir emprego e mal se sustentavam com a minguada pensão que Zélia recebia. Parecia, diziam elas, que tudo estava dando errado, pois nem seus artesanatos conseguiam vender. Não tinham meios de continuar pagando o aluguel do apartamento, já em atraso.

Parou de ler e a imagem das irmãs veio-lhe à mente. Zélia, a mais velha, parecia-se fisicamente com ela, e Rosa, a caçula, era delicada, meiga e mais clara. Faziam belíssimas peças de artesanato, eram verdadeiras artistas. Sabia que Zélia não estava bem de saúde e que tinha piorado com a morte do esposo, que muito amara.

"Tenho saudades de vocês, minhas irmãs, há tanto tempo que não as vejo" – balbuciou Ofélia.

Voltou à leitura.

Sem outros parentes, sem recursos, apelavam a ela para ajudá-las. Queriam retornar à cidade natal, de que tinham saudades. Depois, frisavam, a família delas eram Ofélia e os filhos.

– É verdade – exclamou baixinho, interrompendo novamente a leitura. – Eram em três irmãs. Zélia há anos mudara para Recife, quando se casou com Odair, mas não teve filhos. Rosa estava solteira e morava com Zélia, há tempos.

Voltou a ler.

Estavam saudosas dos sobrinhos que tão pouco conheciam, mas que muito amavam. Pediam para aceitá-las por uns tempos, até que arrumassem onde ficar e trabalho para se sustentarem. "Com você" – diziam –, "procuraremos ajudá-la a cuidar da casa e lhe faremos companhia." Mandavam beijos e abraços, finalizando que aguardavam ansiosas pela resposta.

Ofélia suspirou, segurou firme a carta e pensou:

"Com nossos pais mortos há tantos anos, somos só nós três. Tanto tempo sem nos vermos! Posso ajudá-las, pois financeiramente estamos bem, Paulo progride nos negócios e espaço nesta casa não falta. O que elas me pedem é tão simples e, ao mesmo tempo, tão complicado. Não posso deixar de ajudá-las, não lhes faltará dinheiro, mas morar aqui, em minha casa, como é possível? O passado estaria, realmente, morto para nós? Meu Jesus, orienta-me. Que faço? Ajuda-me a fazer o certo."

Orou suplicante e sua voz fez eco em nossos corações.

– Mãe! Mamãe, onde está a senhora? – gritou da varanda um jovem agradável e alegre, rompendo o silêncio que reinava até então.

Ofélia guardou rápido a carta no bolso, ajeitou-se e tentou sorrir, pensando: "É melhor que ninguém a leia ainda, devo primeiro pensar e encontrar um meio de ajudá-las, sem criar-me problemas."

Respondeu com voz carinhosa:

– Estou aqui, Caio.

O jovem, alto e esbelto, na euforia dos seus vinte anos, entrou na sala correndo, indo ao encontro da mãe..

– Mãezinha, estou com uma fome!... Papai já veio? – beijou-a na testa, presenteando-a com um belo sorriso.

– Ainda não, mas não deve tardar.

– Parece abatida! Que tem? Sente algo? Foi ao médico? Precisa de alguma coisa?

– Quantas perguntas – respondeu sorrindo. – Não tenho nada, não se preocupe, sinto-me bem. Só não tive hoje vontade de ir à varanda.

– Ainda bem!

Sentou-se no sofá e pôs-se a examinar um caderno. Voltava da Faculdade, onde cursava o terceiro ano de Administração de Empresas.

Antônia emocionou-se, aproximou-se de Ofélia com muito carinho e lhe disse de mansinho, numa comunhão espiritual amorosa, que ela, encarnada, não escutou com os ouvidos físicos, mas com a alma:

"Amiga, ser mãe é mais que dar a vida física. A verdadeira mãe é aquela que acompanha todos os passos de seu filho. Ama seus filhos sem diferença. Agradeço-lhe. Deus lhe pague! Amo Caio, mas ele é seu!"

Ofélia olhou para Caio com muito amor, captando as vibrações carinhosas da amiga espiritual, mas sentiu ciúme do filho, ciúme de mãe, e pensou: "Caio é tão lindo! Não parece com Paulo, pois suas feições são diferentes. Do Paulo tem a voz... são parecidas. É tão bom este meu filho, companheiro alegre, irmão dedicado e é querido por todos. Os empregados o respeitam e estimam, tanto os de casa como os do escritório. É sempre atencioso e educado com todos. Preocupa-se tanto comigo, dá-me tanta atenção e carinho, muito mais que os outros dois. Quero todos como mãe, da mesma forma, mas Caio amo diferente, talvez por ser adotivo. Será que, se soubesse, teria o mesmo amor? Por Deus! Não quero nem pensar em perdê-lo! E meu, é nosso! Criamo-lo, cuidamos sempre dele com tanto amor. Ele não deve saber nunca! Lutarei por ele, é meu! Afastarei quem tentar roubá-lo de mim. Pessoa alguma e por nenhum motivo tem o direito de querê-lo agora... Que pensamentos tolos estou tendo, não devo pensar nisso. Caio é meu! Só meu!"

Caio levantou-se, retribuiu o olhar carinhoso da mãezinha e rumou para outra parte da casa, levando seus objetos escolares.

Logo entrou na sala, toda alvoroçada, uma encantadora jovem de quinze anos, sorridente e feliz. Magra, miúda, rosto redondo, com pequenas sardas enfeitando o nariz arrebitado, cabelos curtos, muito bonita. Vestia uniforme, com estampa de um colégio afamado. Chegava da escola.

– Mamãe, está bem?

Sem esperar resposta, jogou seus cadernos no sofá e rodou pela sala, ensaiando uns passos de dança em voga. Voltando-se para a mãe, pediu:

– Mãe, sábado Cidinha dará uma festa, posso ir? Poderia comprar aquele vestido azul de que lhe falei ontem? É tão lindo! Por favor...

– Se o Caio ou o Sérgio puder levá-la, tudo certo!

– Farei meus manos levarem-me, ou mesmo papai. Não quero perder a festa, pois a turma toda vai estar lá, e quero ir bem bonita...

Ofélia sorriu e Carla saiu da sala cantando, feliz.

"Carla também é bonita" – pensou –, "parece tanto com Paulo. É tão bom vê-la alegre, a dançar, a pular pela casa. Agradeço a Deus por ser eu a estar nesta cadeira. Como seria triste, mais sofrido para mim, se não tivesse conseguido salvá-la das rodas daquele automóvel. Não posso reclamar, porque já vivi muito, mas Carla era uma criança, e agora é jovem, sadia. Seria bem pior para mim, vê-la nesta cadeira".

Ouvimos conversa animada na sala e Ofélia virou a cadeira para a porta, a esperar que entrassem Paulo e Sérgio. Eles a cumprimentaram e continuaram conversando sobre o curso de Química Industrial que Sérgio estudava. Paulo era forte, de aspecto agradável, claro, quase loiro, com sardas espalhadas pelo rosto e estava sempre de bom humor. Orgulhava-se dos filhos e gostava de conversar com eles, sobre seus estudos. Planejava deixá-los em seu lugar, nos negócios.

– Ofélia – disse Paulo –, busquei Serginho hoje na escola. Bom colégio, muito bonito. Gosto de vê-los estudando, porque Caio deverá assumir os escritórios, e Sérgio, as fábricas. Que dupla! Que filhos!

Sérgio sorriu, contente, pois adorava o pai. Era muito bonito e estava sempre alegre e feliz, entusiasmando-se por tudo. Dificilmente parava quieto. Era mais baixo que o irmão e, do mesmo modo que Carla, tinha sardas pelo rosto, mas era fisicamente parecido com a mãe.

– Que fome! – exclamou.

Correu a empurrar a cadeira da mãe e passaram à sala de refeições. Antônia e eu ficamos, e minha amiga esclareceu-me:

– São estes os membros da família, com seus problemas corriqueiros, e vivem em paz e harmonia. Mesmo Ofélia, se sofre fisicamente, espiritualmente está bem, embora esteja indecisa no momento. Por isso, Antônio Carlos, acho que você deve estar querendo saber o porquê de eu ter pedido seu auxílio, para ajudá-los? Existe, sim, o problema, porém eles ainda não sabem qual é.

Minha amiga suspirou triste e continuou:

– Sou... fui, mãe e má, porque abandonei meu filho recém-nascido, sem sequer vê-lo, e Ofélia o criou. Sim, Caio é meu filho, que imprudentemente tive. Graças a Deus, não fiz falta a ele, pois é tão amado, tão querido, e agora já é homem, tem responsabilidade e até pensa em se casar. Namora firme Cidinha, a jovem mencionada por Carla, em cuja casa haverá a festa. As famílias são amigas e Paulo se dá muito bem com Marcelo, pai de Cidinha. O namoro agrada a todos e eles torcem para que os jovens se casem. Porém, Antônio Carlos, não tive só esse filho, não foi só Caio que abandonei. Tive também uma menina, que também não conheci, porque desencarnei, quando ela nasceu. Faz algum tempo que descobri o paradeiro de meus filhos e, desde então, visito-os embora raramente, sentindo muita alegria em vê-los bem e amados. Mas recentemente, ao revê-los, descobri que se namoram. Minha filha é Cidinha, a namorada de Caio. Como deixar que se unam? Como separá-los? Só eu sei deste fato, deste segredo. Martirizo-me. Não sei como ajudá-los. Não quero que sofram. Ajude-me! Ajude-nos, Antônio Carlos!

2

Cismas profundas

– Ânimo, Antônia, confiando nas Leis Divinas, estudaremos a situação e acharemos um modo de evitar que se casem – disse, confortando-a.

Após a refeição, os familiares voltaram à sala e, conversando animadamente por minutos, decidiram que Carla iria à festa com os irmãos. Paulo levantou-se.

– Volto ao escritório. Vem comigo, Caio?

Despediram-se e Caio beijou carinhosamente a mãe. Sérgio foi para o quarto estudar, enquanto Carla saiu eufórica decidida a comprar o vestido para a festa.

Novamente Ofélia ficou só e, em vez de fazer algo para se distrair como sempre, bordando, lendo, ou com rádio e televisão, pôs-se a pensar:

Fora ela de família de poucos recursos financeiros. Em sua adolescência, a mãe morreu, após prolongada doença. O pai, homem bom, mas triste, não se preocupava muito com as filhas, embora as amasse muito. Estudara até o antigo curso ginasial em escolas públicas, como as irmãs. Adolescentes, começaram a trabalhar para se manterem e ajudar nas despesas da casa. Seu pai ganhava pouco e não se interessava em melhorar, tornando-se mais apático ainda após a morte da esposa. Zélia começou a namorar Odair, vizinho e de família amiga. Rosa conhecera Paulo no seu trabalho e falava dele o tempo todo. Lembrava direitinho do entusiasmo dela falando dele:

"É lindo, gentil e inteligente! O que me preocupa é que ele é de família rica, talvez os seus queiram moça melhor para ele. Meu coração bate mais forte só de lembrar o dia em que entrou na loja para comprar camisas. Nem acreditei quando ouvi o convite que me fez para sair em sua companhia."

Após meses de namoro, todos estávamos curiosos para conhecê-lo e Rosa o trouxe em casa. Logo que o vi, senti que Paulo era diferente, atraente e não consegui tirar os olhos dele. Ele percebeu e também olhou-me.

Nunca me interessara por ninguém, pois tivera somente alguns namoricos sem importância. Paulo atraía-me e não estranhei isso, parecendo-me normal que, na tarde do outro dia, ele estivesse a esperar-me, na esquina da pequena loja em que eu trabalhava como balconista. Rosa e Zélia também eram funcionárias da mesma firma, só que em lojas diferentes, sendo que a minha ficava distante da delas.

Cumprimentou-me sorrindo e disse que passava por ali e resolveu esperar-me para conversar um pouco.

A intuição que tive era de que o conhecia há tempos e, assim, palestramos animados sem sequer tocar no nome de minha irmã. Paramos numa praça e não sentimos o tempo passar.

"Agora tenho que ir" – disse-me, assustado com a hora.

Não combinamos outro encontro, mas Paulo passou a esperar-me, com freqüência. Não contei a ninguém, porém comecei a me sentir culpada, principalmente quando Rosa passou a se queixar da indiferença do namorado.

Um dia, Paulo convidou-me para irmos ao cinema, onde confessou-me seu amor. Alegrei-me, porque senti que também o amava.

"E a Rosa!" – disse eu.

"Não se preocupe! Falarei com ela, sem dizer de nós. Ela entenderá" – respondeu-me ele.

No outro dia, Rosa chegou em casa chorando e disse que Paulo desmanchara o namoro, porque amava outra.

Zélia consolou-a, porém não consegui dizer nada. Rosa era meiga, simples, calma e nunca brigava. Às vezes, Zélia e eu discutíamos e era ela quem nos acalmava. Entristeci ao vê-la sofrer, mas amava Paulo, por isso amenizei meu remorso, pensando:

"Rosa é jovem, esse amor passará logo, ela esquecerá; e não adiantaria nada renunciar, se ele me ama."

Resolvi esquecer minha irmã e dedicar-me mais a Paulo. Ver Rosa triste, incomodava-me, então evitava conversar com ela e nem queria saber como estava. Conhecia-a e sabia que ela era fiel, que seu amor por ele não era passageiro e que estava realmente sofrendo.

Encontrava-me com Paulo todos os dias. Descobrimos, então, que tínhamos o mesmo gosto, as mesmas opiniões, pois nunca discutíamos, e eu o amava bastante.

Um dia, ao chegar em casa, Zélia esperava-me na porta da frente.

– Ofélia, até quando pretende esconder seu namoro com Paulo?

– Você sabe?!

– Rosa contou-me, dizendo que viu vocês por acaso ontem. Por que fez isso, Ofélia? Rosa não merece. Por que roubou-lhe o namorado?

– Não roubei ninguém, ele é que não a quis mais... nós nos amamos... aconteceu!

– Interessou-se logo por ele, não foi? Quando ele veio aqui, não tirou os olhos dele. Deve ter feito de tudo para ser vista. Que coisa feia! Não se importa nem um pouco com o sofrimento de sua irmã. Você é má!

– Zélia, não se intrometa em minha vida, porque Paulo e Rosa tiveram um simples namoro e nós, ao contrário, nos amamos realmente.

Entrei com raiva em casa, pensando que Rosa me pediria explicações, porém ela nada disse. Passei a ignorar as duas e ficava em casa o mínimo possível, conversando apenas o indispensável. E porque todos já sabiam, não escondi mais o namoro e Paulo começou a buscar-me e a levar-me em casa.

Zélia, numa cerimônia simples, casou-se. Fiquei com Rosa, com quem pouco conversava, tratando-a rispidamente.

Paulo e eu nos amávamos muito. Nosso problema eram os pais dele, que sonhavam com um casamento diferente para ele, filho único e mimado, embora inteligente e trabalhador. Tomava conta de uma pequena fábrica de confecções infantis do pai, que cuidava de uma propriedade rural. Não gostaram da escolha do filho e deixaram isso bem claro, sem contudo maltratar-me, relacionando-se comigo com frieza e reserva.

Resolvemos casar e aí é que senti o quanto Paulo era teimoso, pois, de tão obstinado, acabou fazendo os pais me aceitarem. Deu-me, então, dinheiro para comprar o enxoval, enquanto seus pais compraram uma casa perto da deles e a mobiliaram. Era pequena, com dois quartos e um minúsculo jardim, mas parecia-me um encanto. Pela primeira vez, ia morar numa casa de minha propriedade. Meu pai não concordava com o casamento, mas não pôs objeção a que se realizasse. Convidei Zélia com o esposo e meu ex-patrão com a esposa para serem meus padrinhos.

Por não gostar nem de ver Rosa, não a convidei.

Meu casamento foi lindo e representou o dia mais feliz da minha vida. Fiquei muito bonita no vestido que D. Ivone, minha sogra, me deu. Tudo correu bem e a ausência de Rosa não foi notada.

Por nunca ter viajado, entusiasmei-me com os cinco dias que passamos em Petrópolis, pois tudo era maravilhoso. Na volta, com capricho, arrumei nossa casa. Meus sogros tratavam-me bem, porém sabia que não me amavam. Eram loucos por crianças e não escondiam que queriam netos, sendo esse seu sonho e desejo. E, por isso, logo começaram as indagações:

“Então, Ofélia, vai ser mãe? Vamos ser avós? Quando nos dará netos?”

No início, sorrindo respondia: “Não sei... logo... quando Deus quiser!” Depois começaram a incomodar-me e me preocupei. Não engravidava e sentia medo das cobranças que me faziam. Paulo enervava-se com os pais e acabava sempre por ofender-me ou então por queixar-se:

“Que coisa! Parece que meus pais só pensam em netos. Mas por que você não engravida, Ofélia? Já é tempo de ter filhos. Sabe, também sonho com isso!”

– Eu também quero, porém não sei porque não consigo.

Após oito meses de casados, as brigas começaram. Meus sogros, principalmente D. Ivone, davam palpites em tudo em nossa casa, ditando leis, e Paulo achava certo. E, assim, começou a agredir-me, acusando-me por não ter filhos. Vi, com tristeza, meu esposo afastar-se do lar e permanecer muito na casa dos pais.

Meu pai adoeceu, tendo que sair do emprego e Rosa desdobrava-se para continuar trabalhando e cuidar dele. Zélia ajudava-os muito, mas eu pouco ia vê-los. Minhas visitas eram rápidas e, por saber das dificuldades deles, do pouco dinheiro que tinham, levava-lhes sempre alguns mantimentos e roupas. Porém estava mais preocupada com meus problemas, pois D. Ivone controlava-me em tudo e, por isso, não tinha coragem de pedir dinheiro a meu marido, que cada dia me tratava mais rispidamente.

"Ofélia, marquei uma consulta para você amanhã" – disse certo dia D. Ivone, que resolveu levar-me ao médico sem perguntar-me.

"A senhora nada tem" – foi a resposta dele e de mais três outros especialistas. Acrescentou que deveríamos esperar.

Papai piorou e, além do coração fraco, contraíra tuberculose, mas não quis ser internado. Rosa saiu do emprego e ficou cuidando dele com todo carinho. Odair foi transferido para Recife, e Zélia, a contragosto, teve de mudar-se.

Mesmo sabendo da necessidade de ajudar Rosa a cuidar de meu pai, visitava-os pouco e não me demorava, pois o olhar de D. Ivone acompanhava-me, incomodando-me. Meu pai morreu, Paulo acompanhou-me ao velório e, lá, chorei sentida, pois o queria bem, embora não o amasse. Estava mais triste mesmo era pela minha situação e, aí, senti-me sozinha, sem família. Após o enterro, Paulo deu-me quantia razoável de dinheiro para ajudar nas despesas, e a entreguei a Rosa.

"Ofélia" – disse ela –, "não aceitaria se não tivesse que pagar tantas contas atrasadas. Zélia ajudou-me com pouco, coitada, nem pôde vir ao enterro. Obrigada e agradeça a seu esposo por mim."

Passados uns quinze dias, Rosa veio pela primeira vez à minha casa, escolhendo a hora em que eu estivesse sozinha.

"Que linda casa a sua, Ofélia. Alegro-me por vê-la tão bem. Não devo demorar-me, vim apenas dizer que vou embora para Recife, morar com Zélia. Estou desfazendo-me da casa, quer algo como lembrança? Não? Então não se importa que venda tudo, não é? Vou na semana que vem. Despedirá de mim?"

"Sim claro" – respondi secamente.

Rosa logo se foi e senti alívio, porque não queria que descobrisse que eu não era feliz. Entretanto, não fui despedir-me dela. Soube de sua partida ao receber uma cartinha dela, falando da viagem.

Envolvida com meus problemas, ou seja, o afastamento e a transformação de Paulo, o desprezo de meus sogros e o pesadelo de não engravidar, não liguei para minhas irmãs. Zelia, desde que partira, escreveu-me uma só carta, que respondi friamente e Rosa não deu mais notícias.

Sem saber o porquê, algum tempo depois, as agressões de Paulo diminuíram, parecia mais calmo e, embora sentisse que me amava, estava ele obcecado em dar netos aos pais. As cobranças de meus sogros escassearam e, por isso, sentia-me culpada e infeliz. Passaram-se os meses e quantas vezes chorava e indagava o porquê de não ficar grávida e, então, passei a esperar o acontecimento com agonia, pressentindo que, se não tivesse filhos, seria o fim do meu casamento.

Estávamos no mês de junho, numa noite em que Paulo, inquieto, acabou por deitar-se cedo. E lá pelas onze horas da noite, ouvimos um choro. Sentei-me na cama para escutar melhor e Paulo deu um pulo.

"É choro de criança, está ouvindo, Ofélia?" – Levantou-se rápido, colocou o roupão e foi direto para a porta da frente. Corri atrás. Quando abriu a porta, vimos que o choro vinha de uma trouxa de roupas na soleira da porta. Peguei-a com o coração aos saltos e vi, com assombro, que era uma criancinha enrolada num cobertor novo e grosso.

"Ofélia, uma criança! Entremos logo, está frio, coitadinho do menino!"

Entramos e Paulo fechou a porta. A criança chorava, então acalentei-a no colo e, ao parar de chorar, desembrulhei-a.

"É um menino recém-nascido, Paulo. Que faço?"

"É nosso, Ofélia. Alguém deixou-o para nós. Coitadinho, é tão pequeno! Acho que devemos colocar roupas nele e alimentá-lo. Também não sei o que fazer. Que tal chamarmos a mamãe?"

Concordei com a cabeça, pois pela primeira vez não achara ruim que chamasse a mãe. Num instante, Paulo vestiu-se e saiu. Olhei a criança demoradamente: era linda, rosada, dormia tranqüila nos meus braços, como se sentisse segura em meu lar. Aconcheguei-a e a embalei.

"Coitadinho!" – murmurei. "Abandonado ao nascer, deixaram-no aqui... para nós. Paulo tem razão, é nosso! É meu!"

Logo, meus sogros chegaram e passamos a noite em volta do nenê. Estávamos todos contentes, animados, e os pais de Paulo se tornaram gentis comigo, pois desde então não mais me ofenderam.

"É lindo! Como se chamará?" – indagou meu sogro.

E Paulo respondeu: "Papai, sempre pensei que, se tivesse um filho, daria a ele o seu nome. Se o senhor não se importar, gostaria que se chamasse Caio Neto."

"Claro! Claro! Isso me deixa feliz, o garoto se chamará Caio."

"Amanhã sairei e comprarei um enxoval completo, o que há de mais lindo para ele. Coitadinho, ainda bem que tinha em casa estas roupinhas que doaria às damas de caridade. Cainho é presente de Deus! Meu neto!"

Todos concordaram com minha sogra e só mais tarde os fatos chamaram-me a atenção. Primeiro porque D. Ivone veio com Paulo trazendo uma sacola de roupas, mamadeiras, tudo o que uma criança recém-nascida precisava, como se ela já a estivesse esperando.

Com medo de que alguém viesse reclamá-lo, não contei o fato a ninguém, nem a minhas irmãs, porém D. Ivone disse a todos que meu filho nascera antes do tempo. Não sei o que os vizinhos pensaram, porque quase não saía de casa e não fizera amizade com ninguém.

Minha sogra comprou mais roupas para o nenê, tudo bonito e chique, e Caio encantava a todos nós. Passava os dias a cuidar dele, sendo que minha sogra arrumou uma empregada para ajudar-me e, assim, uma nova vida começou para mim. Paulo voltou a ser gentil, a ficar em casa, meus sogros não implicavam mais comigo e o garoto era nosso reizinho.

"Você, Caio, é a razão de minha felicidade, tudo está certo agora, e graças a você, menino lindo!"

Caio sorria feliz, como se me entendesse. Ele sempre foi dócil, meigo e crescia lindo e saudável. Entretanto eu não gostava nem de lembrar que não era meu.

"Filho é de quem cria! Se o peguei, é meu, só meu!" – pensava sempre.

Quando completou um ano que Caio estava conosco, percebi que estava grávida, o que foi confirmado pelo médico, e contei a todos muito contente. Meus sogros ficaram felicíssimos. Dávamo-nos muito bem, pois esquecemos todas as desavenças do passado e, agora, gostava deles e sentia que me amavam.

"Meu sonho era ter muitos netos. Que bom, minha filha!" – falou e abraçou-me o Sr. Caio.

Paulo não participou de nossa alegria, permanecendo quieto num canto e, ao ficar a sós com ele, indaguei:

"Não gostou da notícia, querido?"

"Gostei, Ofélia, mas penso em Caio, que é nosso também. Você amará igualmente os dois?"

"Caio é nosso filho. Nosso primeiro. Quero-o tanto, que nunca vou deixar de amá-lo. Serão iguais para mim."

"Verdade?" – exclamou contente– "Amará igualmente sempre? Prometa-me! Que bom, nossa casa se encherá de crianças e Caio terá um irmãozinho ou irmãzinha. Amo-a tanto, Ofélia!"

Nasceu Sérgio e tudo permanecia com paz em casa, pois não se fez diferença, sendo as crianças amadas e bem cuidadas. Esquecemos que Caio era adotivo, até porque nunca mais falamos sobre esse assunto.

Das minhas irmãs, sabia pouco, pois apenas trocávamos cartões de aniversário, de Natal, ou falávamos sobre alguma notícia.

Certa vez, tendo Paulo que ir a Recife tratar de negócios, convidou-me para acompanhá-lo, sendo que meus sogros se ofereceram contentes para ficar com as crianças.

Minhas irmãs acolheram-me com carinho e atenção, embora morassem em modesto apartamento. Zélia não podia ter filhos e falara-me nisso com tristeza, fato que entendi, lembrando de quanto sofrera também por esse motivo. Rosa, por sua vez, continuava solteira e não demonstrava vontade de casar. Conversamos animadas, comentando episódios de nossa infância e juventude. Lembramos, então, de nossas despedidas e de quanto tempo fazia que não nos víamos. Estremeci quando Zélia corrigiu-me:

"Não, Ofélia, engana-se, Rosa veio para Recife em julho e não em abril."

Sorri, nada respondendo, porém achei estranho, pois lembrava bem as datas. Entretanto, logo Paulo veio apanhar-me e fomos para o hotel onde estávamos hospedados, sendo que ficamos por mais dois dias em Recife, sem que voltasse à casa delas e, assim, regressamos sem nos despedir.

Começaram, então, a se encaixar as partes da história, como num jogo de montar. Lembrei-me de que meus sogros aceitaram logo e com amor a criança deixada em nossa porta. Paulo, naquela noite, parecia esperá-la e, também, disse "menino" ao vê-la, mas como sabia? Rosa viajara no começo de abril e só chegou a Recife em julho. Onde estivera minha irmã nesses meses? Por que se ocultara?

Tudo estava claro: Caio era filho de Rosa e Paulo, que com seus pais sabiam que a criança seria deixada naquela noite e que era um menino. Chorei muito, entristeci-me, porém pensei bastante e resolvi fingir que nada sabia, que não descobrira o fato. E pensou que, se Paulo a tivesse traído, voltou para ela, porque a amava muito, e sentia isso. E Rosa, se teve o filho e o abandonou, não era mais dela. Estava, portanto, tudo certo, e por isso deveria esquecer e deixar as coisas prosseguirem como antes. Procurei não pensar mais no assunto e continuei a ignorar minhas irmãs, mal respondendo suas cartas e cartões.

Paulo era muito trabalhador e seus negócios progrediam e, assim, vivíamos em paz e felizes. Para completar nossa alegria, veio Carla.

Quando meu sogro morreu, Paulo herdou toda a fortuna da família. Vendeu a fazenda, para ampliar suas fábricas e, dessa forma, triplicou os bens. Compramos a atual casa em que morávamos, bem longe de onde residíamos, e nossas amizades passaram a ser outras. Nunca mais se comentou a adoção de Caio, e desse assunto ele nada sabia e ninguém mais, além de minha sogra, Paulo e eu.

Ofélia parou de pensar e murmurou baixinho:

"Não mostrarei esta carta a ninguém e responderei a minhas

irmãs, dizendo que é impossível no momento recebê-las. Mas ajudarei mandando dinheiro, pois isso é muito fácil para mim. Dinheiro não nos falta e Paulo não me nega nada."

Ofélia ficou olhando para a carta e continuou a pensar:

"Tenho ciúme de Rosa, sim, tenho! Está bonita, perfeita, e poderá chamar a atenção de meu marido, que tudo tem feito para ser bom esposo, e é. Vivemos como irmãos há tempos e, embora sinta que tem outras mulheres, é reservado, tanto que eu nunca soube de nada, e nem ele provocou nenhum escândalo. Aceito e compreendo, pois não posso ter ciúme e, por isso, amo-o agora de forma diferente, sem ser possessiva. Mas Rosa amou muito Paulo, conhecera-o primeiro e fui eu quem os separou. Minha doença ensinou-me muito, porque entendi que errei tomando-o dela, mas em compensação perdoei-a da traição que praticou. Quando fiquei paralítica, passei a escrever mais para elas, porém nunca as convidava para visitar-nos. Alguns anos antes, Caio fora para os Estados Unidos com Paulo e, nessa época, mandei Sérgio e Carla passarem uns dias lá, para conhecê-las. Adoraram as tias. Contudo deixei que fossem, porque Caio não poderia ir, pois não o queria perto de Rosa. Embora sentisse ciúme de Paulo, não era com ele que me preocupava mas, sim, com Caio. Será que, estando sob o mesmo teto, o amor materno de Rosa não viria à tona? Será que não iria querer Caio para ela? Não e não! Caio era meu e não permitiria Rosa perto dele!"

Pegou o bordado e suspirou triste, porque estava amargurada com a solução que tomara em relação às irmãs.

"Amanhã responderei!" – exclamou alto.

Do Plano Espiritual, Antônia relembrava tudo, estava emocionada e voltando-se para mim, disse:

– Como vê, Antônio Carlos, Ofélia é boa mas, no íntimo, sente que está sendo injusta, e por isso sofre. Porém suas conclusões não são verdadeiras, porque Rosa não é a mãe de Caio, ela nunca traiu a irmã, e posso afirmar que uma é tão boa quanto a outra. Sou eu, amigo, sou eu a mãe de Caio!...

3

A história de Antônia

À tardinha, a família reuniu-se novamente, com todos conversando animados. Entretanto Ofélia nada comentou da carta que recebera. Foram jantar, porém Antônia e eu fomos para o jardim e sentamo-nos na varanda.

– Vou contar, Antônio Carlos, o que aconteceu realmente. Narrarei minha história.

"Nasci e passei a infância e parte da juventude numa fazenda, perto desta cidade. Minha família era pequena, constituída somente de papai, mamãe e dois irmãos. Quando contava dez anos de idade, meus irmãos, o mais velho com dezesseis e o outro com quatorze anos, desencarnaram afogados no lago da fazenda. Sofri muito e meus pais se desesperaram, sendo que papai adoeceu logo após. Começou, então, a trabalhar pouco e, por isso, minha mãe desdobrava-se para o sustento do lar. Passei a ser a única alegria deles e sentia que me amavam muito, mas só ser amada não me bastava, pois detestava a pobreza em que vivíamos, sonhando com o luxo e com a cidade grande.

Com dezesseis anos, resolvi trabalhar na cidade para ajudar nas despesas, porque não queria continuar trabalhando na lavoura, no serviço que fazia desde os doze anos.

A esposa do dono da fazenda em que morávamos, senhora muito bondosa, arranjou-me um emprego de doméstica, para residir no emprego. Foi então que vim a trabalhar na casa dos pais de Paulo. O serviço era simples e aprendi rápido, sempre com vontade de agradar os patrões mas, também, para não ter que voltar para a fazenda, procurava fazer tudo bem feito. Ganhava bastante, sendo que a metade do meu ordenado destinava para meus pais, os quais ia visitar aos domingos, de quinze em quinze dias.

Nessa época, Paulo era solteiro, ficava pouco em casa e quase não o via. Porém sabia, pelas conversas dos familiares, que ele namorava uma moça pobre, que seus pais não queriam e, por isso, sempre havia discussões na casa. Cheguei até a ficar com pena de meus patrões, principalmente de D. Ivone, que me tratava bem e dava-me muitos presentes.

Fui perdendo a timidez de moça de fazenda e logo os encantos da cidade grande começaram a fascinar-me. Passei a sair e a namorar, entretanto e infelizmente, não procedia bem, tendo o cuidado de esconder de todos minha conduta, pois trocava todo mês de namorado, pensando assim estar, assim, aproveitando a vida.

Paulo casou-se e, pouco tempo depois, pelas conversas que ouvia, soube que brigava muito com a esposa, motivo por que passou a ficar muito na casa dos pais, mais tempo do que quando era solteiro.

Não me sentia bonita, mas apenas interessante, por ser magra, alta, rosto miúdo, e chamava a atenção pelo meu jeito exótico e diferente e pela cor do meu cabelo, castanho-cinzento, a mesma dos de Caio.

Paulo notou-me, passou a olhar-me interessado e eu a corresponder. Tivemos um romance, tornei-me sua amante. Dava-me muitos presentes e dinheiro, por isso sentia-me feliz. Menti a meus pais que, por ser boa empregada, estava ganhando melhor e, por isso, mandava-lhes mais dinheiro. Minha mãe, então, pôde descansar, trabalhando menos. Orgulhavam-se de mim, abençoavam-me por ser boa filha. E alegrava-os tanto, que sufoquei o remorso por enganá-los e por sentir que estava procedendo mal.

"É por eles que assim procedo!" – dizia sempre.

Ninguém desconfiou, durante meses, até que percebi estar grávida. Enchi-me de coragem e contei ao Paulo. Ele desesperou-se, fez-me prometer que não contaria a ninguém e que ia ajudar-me a achar uma solução para o problema. Esperei com medo e, passados dois dias, ele veio ter comigo com uma proposta. Lembro-me tão bem...

"Antônia, sabe que sou casado, pois não escondi minha situação e você aceitou-me assim. Por isso, terá o filho e será mãe-solteira, porque não posso casar-me com você. Preocupo-me com a situação. O que pensarão seus pais disso? Não poderá trabalhar grávida e, depois, quem daria trabalho a você? Como faria para sustentar-se?"

Comecei a chorar, pois entendi que ele falava a verdade. Deixou-me chorar por uns minutos e continuou:

"Mas não se desespere, porque vou ajudá-la, inclusive tenho uma proposta para lhe fazer, e escute com atenção. O filho é meu, não é? Deixa-o comigo. Faremos assim: você irá para a fazenda de meu pai, onde ficará escondida, sendo que lá será bem tratada e não trabalhará. Dirá a seus pais que vai viajar com os patrões, receberá seu ordenado e continuará a mandar dinheiro a eles, assim ninguém desconfiará. Terá a criança e ela ficará comigo, logo após deverá partir, de preferência para longe.

"Ficará com a criança?" – perguntei.

"Sim, ficarei para ajudar você, pois não pode ficar com ela, que seria sua desgraça e infelicidade. Você terá a criança e esquecerá. Ninguém ficará sabendo e quem souber não falará e, assim, continuará a ser uma moça e não mãe solteira. Pense, Antônia, se seus pais souberem, morrerão de desgosto e você será a culpada. E mais ainda, para ajudá-la, para que recomece a vida em outro lugar, darei a você uma pequena fortuna."

Falou o valor, que realmente constituía para mim uma fortuna, pois nunca pensara em ter tanto dinheiro. Era ambiciosa e a ganância em possuir o dinheiro era muito mais importante para mim do que o filho, que não amava e nem queria.

Raciocinei rápido e parei de chorar. Paulo estava sendo bom e tinha razão, porque, se descobrissem meu estado, seria mandada embora e ninguém me daria emprego. Por isso, meus pais iriam sofrer muito e passariam fome sem meu ordenado. A proposta parecia interessante e também achei certo ele ficar com a criança, afinal era filho dele. Não hesitei:

"Aceito, Paulo."

No outro dia, falei aos outros empregados, aos meus amigos

e às vizinhas que logo iria voltar para a casa de meus pais. E, ao visitar meus pais, disse-lhes que meus patrões iriam viajar e que me convidaram para ir com eles. Concordaram, pensando que seria bom para mim. Dias depois, despedi-me de todos e fui para a fazenda do Sr. Caio. Lá, fui bem tratada, nada fazia, podia usar tudo da casa e, se desejasse mais alguma coisa, o Sr. Caio providenciava. Continuei a receber o ordenado, fui visitar meus pais, como sempre, até quase o sétimo mês. Quando não deu mais para esconder a gravidez, despedi-me deles, escutando as muitas recomendações. Continuei a mandar dinheiro a eles, através de Paulo, que o encaminhava por intermédio dos donos da fazenda onde eles moravam.

Na fazenda, para evitar fofocas, o Sr. Caio disse a todos que era sua prima e que viera à fazenda para ter o filho, pois era solteira.

Nessa época, fiquei sabendo, e também todos da fazenda, que a esposa de Paulo também esperava um filho.

Para mim, tudo estava bem, entusiasmando-me com a vida que estava tendo, pois nunca havia descansado e sempre desejara ter uma situação daquele modo. Não me preocupei nem um pouco com o filho que esperava, nem indaguei ao Paulo o que faria com ele. Seu destino era-me indiferente, preocupava-me com minha vida, porque parecia, pensava eu, que minha sorte mudara e seria rica logo que a criança nascesse.

Na fazenda, trabalhava um moço que logo chamou-me a atenção e cujo nome era Jerônimo. Era alto, bonito e olhava-me com insistência. Conversava com ele sempre que possível e logo começamos a namorar. Acabei contando toda minha história para ele!

"Antônia, você fez muito bem" – disse-me – "afinal a criança também é filha dele e ele que fique com ela. Você é jovem, terá outros filhos e ficará rica e tudo será mais fácil para você, que não precisará trabalhar mais."

Gentil, atencioso, acabei por me apaixonar, e ele dizia amar-me também. Fizemos planos. Logo após o nascimento da criança, iríamos embora e nos casaríamos. Passei a sonhar com o que ele me dizia e a contar os dias para partirmos. Escutava feliz o que ele falava:

"Antônia, seremos felizes, pois esquecerá tudo isso. Seremos marido e mulher e ninguém irá nos separar."

Uma parteira da região atendeu-me e a criança nasceu sem problemas, mas não a vi e nem fiquei sabendo se era menino ou menina.

Três dias após o parto, falei ao Sr. Caio que desejava ir embora e ele, então, deu-me o dinheiro combinado. Não vira mais Paulo, nem mais me interessei por ele e, contente com o dinheiro, despedi-me de todos dizendo que ia voltar para casa.

O Sr. Caio preocupou-se comigo e, ao despedir-se de mim, abraçou-me e falou, carinhosamente:

"Felicidades, menina, lembre-se de que nunca teve esta criança e vá para longe, mas não volte e saiba aproveitar o dinheiro que estou lhe dando."

Para que ninguém desconfiasse que iria embora com Jerônimo, tínhamos combinado que ele partiria dias antes e me esperaria na cidade. Saí contente, encontrei Jerônimo no local combinado e viajamos juntos. Estava feliz e não pensei mais na criança, pois achava certo o que fizera.

Fomos, de ônibus, para uma cidade do interior, fazendo muitos planos.

"Antônia, você não se arrependerá, porque seremos felizes nessa cidade, que me despertou a curiosidade de tanto ouvir um amigo falar dela, dizendo que era bonita e graciosa. Gostei do nome, lá viveremos."

A viagem foi demorada e, quando chegamos, hospedamo-nos num hotel por uma semana. Encantava-me com tudo.

Alugamos uma casa pequena, bonitinha e a mobiliamos. Vivemos ali felizes por uns meses. Nunca deixei de ajudar meus pais, por isso todo mês, junto com uma carta, remetia a quantia costumeira. Dizia sempre que estava feliz e que logo voltaria. Meus pais, que não sabiam ler nem escrever, pediam que uma vizinha lesse as cartas para eles e respondesse para mim. Soube que estavam adoentados e saudosos, mas alegravam-se por eu estar bem e feliz, e abençoavam-me.

Jerônimo continuava gentil comigo e amava-o realmente, porém ele não trabalhava e parecia não mais querer fazê-lo. Fiquei grávida novamente.

"Este vai ser diferente" – disse.

Comecei a lembrar Jerônimo da promessa de casar comigo. Ao tocar no assunto, desconversava, esquivava-se desculpando. Passou então a ir com freqüência a um bar perto de casa. O dinheiro que o Sr. Caio me dera minguava rápido e comecei a preocupar-me.

"Jerônimo, vamos nos casar e voltar para a casa de meus pais, porque lá arrumará emprego e nosso filho nascerá junto de seus avós" – pedi a ele.

"Está certo, vamos, porém esperemos um pouco mais."

Estava no sexto mês de gravidez e, certo dia, ao acordar não encontrei Jerônimo, mas apenas um bilhete seu. Era frio, lacônico, despedia-se. Abandonava-me, levando todo o dinheiro que me restava.

Desesperada, levei dias para acreditar, pois o amava muito. "Como poderia ele fazer isso comigo? Vivíamos bem, não brigávamos!" – pensava. Esperançosa em saber dele, fui ao bar que costumava freqüentar e lá tive a notícia de que fora embora com uma mulher, e pareciam muito apaixonados. Chorei bastante, porém outras preocupações vieram, inclusive pelas contas, muitas contas para pagar. Havia três meses que ele não pagava o aluguel, nem as prestações feitas. Vieram buscar alguns móveis e, também, fui despejada da casa. O que restou, vendi para comprar alimentos.

Não escrevi mais a meus pais, e eles, na última carta que recebi, indagavam aflitos a falta de notícias. Não tive coragem de contar a verdade, nem de escrever sem mandar o dinheiro, que era tão importante para a sobrevivência deles.

Ao ser despejada, fiquei sem nada, inclusive sem lugar para morar. Desesperada, passei a andar pelas ruas pedindo emprego e, envergonhada, apenas recebia alguns alimentos de pessoas bondosas. Mas ninguém queria empregar uma desconhecida, grávida e de aparência estranha, pois não pude me cuidar mais e chorava muito. Ao cair da noite, atormentava-me bastante, porque sabia que dormiria ao relento, nos jardins ou nas escadas das casas. Um mês e meio vivi assim, entretanto certo dia parei em frente de um hospital, era o meu oitavo mês de gravidez, estava cansada, abatida e fiquei, meio abobalhada, olhando o movimento. Uma irmã de caridade, servidora do hospital, quando me viu teve pena e, convidando-me para entrar, indagou com piedade:

"Filha, que faz pelas ruas? Quando terá o nenê?"

Com dificuldade e muita vergonha, abaixei a cabeça e disse:

"Sou sozinha no mundo, pois meu marido foi embora com outra mulher. Por não ter dinheiro para pagar o aluguel, fui despejada e não tenho onde morar. Não consigo emprego. Quem empregaria uma mulher grávida? Irmã, não sei o que fazer, estou tão confusa, sinto tanta fraqueza..."

"Acalme-se, filha, vou arrumar um lugar para você ficar, até a criança nascer, vem comigo."

Senti-me aliviada, pois ter um lugar para ficar era tudo o que mais queria. Peguei na mão daquela bondosa irmã e a beijei. Ela fez-me tomar banho, deu-me roupas limpas e colocou-me num leito da enfermaria. Logo após, alimentada e descansada, comecei a pensar nos acontecimentos de minha vida e senti raiva de tudo e de todos, até de meus pais por serem tão pobres e doentes. Senti rancor até das pessoas que ali me abrigaram.

"Elas não passaram pelo que passei. É fácil ser gentil quando se é feliz e se tem tudo, inclusive lar e pessoas que nos protegem" – resmungava baixinho, para não ser ouvida, ou quando observava as enfermeiras e as freiras.

Passei também a sentir ódio por Paulo, que me seduzira, e raiva do filho que trazia no ventre, achando ser por culpa da gravidez que não conseguia arrumar emprego e que Jerônimo fora embora.

Passei a odiar com furor Jerônimo e a mulher com quem partira.

Havia dez dias que estava no hospital, quando comecei a passar mal para, logo em seguida, ter hemorragia. O médico foi chamado e, após ligeiro exame, mandou que me levassem para a sala de cirurgia.

Na maca, nada mais vi ou ouvi. Acordei devagar e a sensação que tive foi a de que voltava de um sono profundo, em que tudo me era confuso. Pessoas bondosas falavam comigo, porém não conseguia entendê-las, inclusive quando diziam que deveria amar e não odiar, que precisava orar. O fato, amigo Antônio

Carlos, é que desencarnei e me julgava ainda no corpo físico. E o que os socorristas diziam não me interessava, porque não queria amar, mas continuar odiando. Não estava mais grávida e compreendi que a criança devia ter nascido, porém não me interessei em saber dela. Não quis ficar no hospital, porque as pessoas me chateavam, então escondi-me e, como fugitiva, deixei a Maternidade.

Vaguei pelas ruas, até que me lembrei de Jerônimo e fui atrás dele. Sem entender o que ocorria, levada pelo pensamento de ódio, achei-o. Estava com uma moça bonita, trabalhando num bar. Então acerquei-me dele, fazendo com que tivesse ódio de minha rival. Em pouco tempo, passaram a brigar e logo se separaram. Jerônimo não ficava só, pois brigava com uma e arrumava outra em seguida. Fui me cansando. Sentia, às vezes, dores de parto, sangramento e constante frio, um frio horrível, que nada me esquentava. Concluí que não valia a pena odiar Jerônimo e não quis ficar mais perto dele, porque, para mim, estava sempre a trair-me.

Muitos anos se passaram desde minha desencarnação, quando então comecei a pensar em Deus e nas histórias que minha mãe contava sobre Jesus. Entendi que, se odiava os outros, culpando-os de minha desgraça, era eu a maior culpada. E por reconhecer ter agido sempre como irresponsável, senti remorso.

Trabalhadores do Bem socorreram-me quando, com sinceridade, pedi perdão a Deus, reconheci meus erros e não mais culpava ou odiava os outros. Fui, então, levada às enfermarias da Colônia, onde vim a saber que, devido à minha fraqueza, não resisti e desencarnei ao ter a criança.

Recuperei-me aos poucos e me senti melhor. Pude assim receber a visita de meus pais e tive enorme alegria ao vê-los, embora ficasse envergonhada. Os dois, com imenso carinho, abraçaram-me e, emocionados, choramos juntos.

"Perdão, papai! Perdão mamãe! Se soubessem o que fiz!..."

"Antônia, filha querida, sabemos de tudo o que fez" – falou mamãe, segurando minhas mãos –, "perdoamos você, filha. Quando vagava desorientada, oramos muito! Nunca perdemos a esperança de conduzi-la a Deus e, por isso, esperávamos ansiosos que entendesse e voltasse ao Pai. Para nós, você foi boa filha."

"Papai, mamãe, que aconteceu com vocês? Como viveram sem o dinheiro que mandava?"

"Sofremos muito e, sem o dinheiro que você mandava, passamos fome. Seu pai preocupado pela falta de notícias, piorou e não conseguiu mais levantar-se do leito. Pior, porém, filha, foi ficar sem notícias suas, a esperar alguma carta ou até mesmo que você aparecesse em casa. Preocupamo-nos e choramos tanto. Acreditávamos em você e não conseguíamos entender o que a teria levado a não dar notícias. Pedro, meu sobrinho, com pena de nós, foi à casa de seus patrões, o Sr. Caio e a D. Ivone, que foram muito gentis com ele. Disseram não saber de você, que se despedira deles, dizendo que voltaria para casa. Pedro fez mais, indagou de outros empregados, vizinhos, e descobriu que você não viajara com seus patrões, mas partira dizendo que voltava para casa. Nas cartas que recebíamos havia um endereço, porém a cidade era longe demais para irmos atrás de você, e isso deixou seu pai muito doente. Mesmo para Pedro, não era fácil ajudar-nos, pois por sermos pobres não tínhamos dinheiro para as viagens e, também, ele precisava trabalhar. Mas ele teve uma idéia e escreveu para a polícia da cidade explicando o problema, dando todos os seus dados e pedindo, se possível, localizá-la ou dar alguma notícia. A resposta veio, dizendo que realmente naquele endereço morava a pessoa, mas que se mudara e ninguém sabia para onde.

Sentindo pena, o dono da fazenda levou-nos para um asilo. Despedi-me dos vizinhos, recomendando que nos avisassem de alguma notícia sua. Tínhamos esperança de revê-la, porque a saudade era grande e a angústia de não ter informações fazia-nos chorar amargamente.

Seu pai viveu só três meses no asilo e desencarnou. Lá, fomos bem tratados e tínhamos médicos e remédios. Vivi sozinha com minhas recordações e, como pude, ajudei a cuidar de outras pessoas doentes. Quando completava três anos que lá estava, fui libertada da carne e, ao encontrar seu pai, entendi que partira da Terra. Levada a uma Colônia, recuperei-me logo dos muitos sofrimentos e soube, então, que meus dois filhos estavam encarnados e bem, por isso preocupava-me apenas com você. Seu pai contou-me que você também estava desencarnada e que sofria. Por isso tudo fizemos para ajudá-la."

Chorei nos braços de meus pais e arrependi-me sinceramente, pois entendi que era amada por eles e que também os amava.

"Filha" – falou carinhosamente meu pai –, "esqueça e recomece, aproveitando para crescer em espírito, pelo trabalho e renovação."

Recuperada, pedi para ajudar nas enfermarias que me acolheram e, como sabe, Antônio Carlos, lá estou servindo até hoje.

Mas só sentir remorso não bastava, por isso resolvi construir, e o trabalho é bênção divina. Assim, meus pais orgulham-se de mim e agora estão em estudo em esferas próprias. Vendo tudo caminhar bem, comecei a pensar em meus filhos. Não sabia sequer seus sexos ou se estavam encarnados.

"Que aconteceu a eles?" – indagava-me sempre.

Pedi a meus orientadores permissão para vir à Terra e vê-los.

Deram-me um mês de licença e parti, esperançosa.

Procurei a antiga residência de meus ex-patrões, porém não os encontrei, nem mesmo Paulo, porque vários anos haviam se passado e muitas coisas mudaram. Pedindo informações, acheios. Reconheci Paulo de imediato, embora um pouco mais velho e sério. Revi Ofélia, embora estivesse diferente e sofrida, e também vi seus filhos. Reconheci Caio, ou melhor, pelo amor de mãe, percebi que era meu filho e senti muito amor por ele.

Chorei de alegria ao vê-lo forte, amado, bom e feliz. Auscultando os pensamentos de Paulo, soube que Ofélia não estivera grávida junto comigo e que meu filho fora deixado na porta de sua casa por seu próprio pai, Sr. Caio, e que o criaram como filho legítimo.

Entendi que Caio era-me um presente de Deus que eu recusara.

"E o meu outro filho?" – quis saber.

Ansiei por obter informações da criança que tivera ao desencarnar. Minhas lembranças iam até ser conduzida à sala cirúrgica e depois a hemorragia. Fui ao hospital onde desencarnei e, com a ajuda dos trabalhadores espirituais que ali prestavam auxílio, vim a saber que não foi possível conter a hemorragia por causa de meu corpo debilitado e pela minha pouca vontade de viver, mas que tivera uma menina e foi adotada. Minha busca teve que ser paciente, pois o casal que a adotara não morava mais na cidade, porém não desanimei e colhendo informações, encontrei-a. Foi grande minha alegria e tive ainda uma agradável surpresa. Minha filha e meu filho residiam na mesma cidade, eram vizinhos e amigos, e se davam muito bem.

Fiquei tranqüila e feliz, porque minha filha também era amada e alegre, um encanto. Chama-se Maria Aparecida, mas é tratada por todos de Cidinha, sendo filha única e registrada como legítima. Ninguém sabe, do mesmo modo que Caio, que é adotiva, somente os pais, é claro.

Cidinha é parecida comigo, com o mesmo tom de cabelo, rosto miúdo, magra e, ao vê-la, parece que contemplo a mim mesma, na distante adolescência.

Agradecida a Deus por encontrá-los bem e felizes, voltei ao trabalho com verdadeira vontade de ser útil.

De tempo a tempo, tenho permissão de visitá-los. Mas tamanha foi minha surpresa nesta visita, quando vi Caio e Cidinha namorando, pensando em unir-se pelo matrimônio e com a aprovação de todos os familiares.

4

Ofélia, feliz

A casa, escura e silenciosa, demonstrava que todos seus moradores dormiam. Entramos. Fomos ao quarto de Ofélia, que ainda se achava acordada, a orar com fé, e seus dedos deslizavam em seu já gasto rosário, esperando adormecer para o devido descanso físico.

– Ofélia dorme pouco –, explicou-me Antônia.

Acerquei-me dela, dei-lhe um passe calmante que foi bem recebido e logo adormeceu. Seu Espírito desligou-se parcialmente do corpo, levantou-se devagar e seguiu para a sala de estar, e a acompanhamos.

– Ofélia! –, disse delicadamente Antônia.

Ela virou-se, olhou analisando-nos:

– Quem está aí? Como entraram em minha casa?

– Somos amigos – continuou calmamente Antônia –, viemos conversar com você.

Ofélia sentou-se no sofá e nós também. Olhou-nos desconfiada, e Antônia continuou a falar!

– Ofélia, minha querida, você é minha benfeitora, e sempre tão bondosa. Sei que recebeu carta de suas irmãs e peço que não seja injusta com Rosa, pois ela nunca a traiu, ela não é o que você pensa e...

– Quem me fala assim? Quem é você?

– Ofélia – continuou minha amiga –, procure saber onde Rosa esteve nos meses de abril a julho. Procure! Rosa é inocente!

– Por que me diz isto? Como sabe? Não conheço você!

– Sabemos que Caio é adotivo, mas não é filho de sua irmã Rosa. Sou eu a mãe dele, Caio é meu filho.

Ao ouvir Antônia pronunciar o nome de Caio, Ofélia agitou-se, pois tinha medo da verdade e não queria encontrar-se com a mãe de Caio, não queria perdê-lo como filho, nem repartir seu amor. Quando Antônia disse: "meu filho" ela levantou-se rápido. Seu corpo era inválido, mas não o seu perispírito, liberto do corpo pelo sono. Nem sempre esse fato ocorre. Há defeitos corporais que acompanham o perispírito, fazendo-o também defeituoso, e isso ocorre por falta de compreensão ou por resignação. Muitos deficientes, libertos do corpo pelo sono, continuam deficientes, e muitos continuam até mesmo após libertos pela morte física.

Ofélia olhou bem para Antônia e disse com firmeza:

– Mãe dele? Nunca! Mãe sou eu que o criou, que cuido dele! Que veio fazer aqui após tanto tempo? Mãe dele? Não creio. Veio tomá-lo de mim? Não quero que fique aqui, vá embora, por favor. Caio é meu!

– Concordo – respondeu Antônia –, Caio é seu. Quem mais teria direito a ele que você? Ele é seu! Não quero tomá-lo. Sou grata a você por amá-lo e por ter cuidado dele. Digo-lhe que sou a mãe dele, gerei-o, e não Rosa. Quero impedir que você, minha benfeitora, cometa uma injustiça com sua irmã. Sou a mãe física dele.

Ofélia fez um gesto de quem não queria escutar mais e, porque sentisse medo, voltou rápido ao corpo, mas Antônia repetiu-lhe mais uma vez:

– Rosa é inocente!

Ficamos ainda um pouco na sala e veio ter conosco, logo em seguida, Caio que, desligado do corpo pelo sono, andava distraído. Viu-nos, parou e olhou-nos desconfiado, indagando:

– Quem são vocês? Que fazem aqui em minha casa?

– Somos amigos – respondi –, viemos para conversar. Quer, por favor, dar-nos atenção por alguns instantes?

– Hum... não os conheço.

Antônia aproximou-se dele, emocionada:

– Caio, meu filho! Como você é bonito! Lindo! Você é feliz?

– Sim, sou muito feliz – sorriu –, só que não estou entendendo. Que papo estranho!

– Amo você! Sou sua mãe e mãe de Cidinha também. Vocês são irmãos e não devem se casar. Sou sua mãe...

Antônia abriu os braços e tentou abraçá-lo, mas ele afastou-se, riu alto, balançou a cabeça e saiu da sala.

– Cada uma! – exclamou.

Antônia olhou-me, triste.

– Desculpa-me, Antônio Carlos, acho que me precipitei. Pensei que ele se atiraria em meus braços ao saber que era sua mãe. Tive esperança de que me aceitaria. Não acreditou, não quis saber e até achou graça.

– Antônia, Caio não sabe que é adotivo e acredita realmente que é filho de Ofélia, pois sente-se filho dela. Temos conosco, Antônia, a falsa idéia de que o Espírito sabe tudo, quando se desliga do corpo físico, e que, se possui muitos conhecimentos como encarnado, saberá também, quando o corpo dorme e está semiliberto, as circunstâncias em que está envolvido e o porquê dos acontecimentos. Assim só acontece com os Espíritos mais esclarecidos e compreensivos, porque eles têm conhecimentos que, por estarem ligados ao cérebro físico, não se lembrariam. Podem, nessa situação, recordar o passado. São maduros e, por si mesmos, recordam-se, pois que, com o conhecimento mais amplo, tudo lhes pode ser visto e sentido com clareza.

Entretanto para a maioria não é assim. O esquecimento do passado continua também, quando o perispírito está liberto, e quase sempre tem os mesmos conhecimentos de quando estão no corpo. Isso acontece pela bondade de Deus, que nos permite, ao encarnar, esquecermos o passado para um recomeço e, assim, mesmo desligado pelo sono ou pela desencarnação, o Espírito continua sem a lembrança do passado e, para fazê-lo, necessita de ajuda especializada.

– É verdade, Antônio Carlos, já faz tempo que desencarnei e não lembrei ainda meu passado. Sei que vivi muitas existências, mas não as recordo. Também, nem quando meu corpo físico morreu, pude perceber, e vivia como se estivesse encarnada.

– Isso é comum. Tanto que ateus, são ateus libertos pelo sono ou mesmo quando desencarnados, até que lhes provem o contrário. É preciso que lhes mostrem que continuam vivos após a morte do corpo. Para muitos, que não estão preparados, recordar terem vivido em outras existências faria com que adoecessem espiritual e fisicamente. Muitas doenças mentais, que levam tantas pessoas a sanatórios, são recordações forçadas por obsessores vingativos ou recordações prematuras que desequilibram o cérebro físico, passando o enfermo a viver o presente e o passado simultaneamente. Para muitos, recordar o passado reencarnatório seria o mesmo que absorver alimentos sólidos em tenra idade... E pode-se mesmo não ter conhecimento de muitos acontecimentos que envolvem a atual encarnação, como no caso de Caio. Se ninguém lhe contar, ele não consegue adivinhar e, por isso, ignora. Isso pode ocorrer até após a desencarnação, se não procurar saber.

– É... Caio não sabe!

– Não, não sabe. É feliz, amado e nunca foi discriminado. Talvez se fosse, se sofresse, iria querer saber a causa. Como não há por que Caio duvidar, a adoção nunca lhe passou pela mente, pois ele ama os seus e é amado. Ao ouvir você, achou graça como se ouvisse uma piada. Precipitou-se, amiga, ao dizer que era sua mãe.

– E agora?

– Não se aflija, aguardaremos amanhã. Talvez Caio não recorde de nada e, se o fizer, pensará que teve um sonho engraçado.

Pela manhã durante o desjejum, Caio disse, rindo:

– Que sonho engraçado tive esta noite! Sonhei com um estranho casal, de roupas como antigamente. A mulher quis abraçar-me e disse que não me casasse com Cidinha, porque ela era minha irmã.

Acabou a narrativa com uma gargalhada e foi imitado por todos. Ofélia forçou o riso, mas sentiu algo estranho, que eram vagas recordações de nossa conversa e tentou lembrar de seu sonho que parecia igual ao de Caio.

Logo, todos saíram apressados, mas ela ficou sozinha e conduziu sua cadeira para a sala de estar.

– Que sonho estranho esse de Caio. Parece que sonhei com o mesmo casal! – Esforçou-se para recordar. – Disseram alguma coisa. Que será? Ah, sim! Era sobre Rosa.

Pôs-se a orar. A grande fé e a resignação de Ofélia enchiam a sala de bons fluidos. Antônia aproximou-se, mas ela pôs-se em guarda, desconcentrando-se.

– Deixe-a, Antônia, seu espírito sente as inquietações de mãe. Eu falo com ela.

Aproximei-me, trocamos fluidos de simpatia, e lhe disse docemente:

"Bondosa Ofélia, não seja injusta com suas irmãs. Reconcilie com elas agora, enquanto tem oportunidade. Por que você não indaga para esclarecer suas dúvidas? Por que não procura saber onde Rosa esteve nos meses que não esteve aqui, nem com Zélia?"

"Tenho medo" – responde-me em pensamento –, " medo..."

"Não, filha, não receie" – continuei –, "lembra-se de Rosa? sempre meiga e bondosa. Quando Paulo a trocou por você, ela não a ofendeu, nem lhe disse nada de desagradável."

"É verdade, não comentou nada comigo."

"Rosa é boa irmã, foi ótima filha, cuidou do pai com tanto carinho e sacrifício. Pense, Ofélia, seria Rosa capaz de uma infame traição? Se tivesse errado por amor, teria coragem de abandonar o filho? Crê realmente que teria? Rosa não abandonaria um filho, porque é forte, maternal e corajosa. Por que ela o faria? Ela não fez. Rosa não abandonou ninguém. Esclareça esse assunto. Pergunte! Vamos, coragem! Não continue nessa incerteza. Pergunte..."

Minha voz era recebida por Ofélia como intuição. Continuei:

"Telefone, telefone, fale com uma delas e procure saber de tudo, antes de tomar uma resolução."

"Vou telefonar!" – disse Ofélia, alto.

Rumou rápido com a cadeira de rodas para seu quarto, tirou de uma gaveta um caderninho de anotações.

"Aqui está o número do telefone da vizinha delas. Será que devo? Jesus, ajuda-me, que devo fazer?"

"Telefone, Ofélia! telefone!" – insisti.

Ofélia, trêmula, pegou o telefone, discou e esperou ansiosa. Logo uma voz desconhecida se fez ouvir.

Cumprimentou a senhora que atendeu, explicou quem era e pediu-lhe que chamasse Zélia.

Enquanto esperava, Ofélia lembrou que há muito tempo as

irmãs mandaram, por carta, o telefone da vizinha, para que ela telefonasse em caso de necessidade.

– Ofélia! É você? – falou do outro lado uma voz ofegante, demonstrando que viera correndo.

– Zélia? Como está?

– Bem. Estamos bem. E você? E todos aí?

– Estamos bem, Zélia, não fique apreensiva, pois telefonei só porque estou com saudade e com vontade de saber de vocês.

– Oh! Ainda bem! nunca telefonou, por isso me assustei. Recebeu nossa carta?

– Não, não recebi...

Calaram por uns instantes, pois Ofélia perdia a coragem de indagar, mas voltei a incentivá-la.

"Vamos, filha, pergunte, acabe com este martírio. Pergunte!"

– Zélia, estive pensando que, logo após papai ter falecido, Rosa foi morar com você. Saiu ela daqui no mês de abril e só foi chegar aí no mês de julho. Onde passou esses meses?

– Ofélia, você parece saudosa mesmo! Por que lembrar disso agora? Faz tanto tempo! Mas não é segredo, meu bem. Você realmente não sabe?

– Não, não sei – respondi baixinho, envergonhada pelo tom de censura da irmã.

– Papai contraiu tuberculose nos últimos meses de vida. Rosa ao cuidar dele, ficou também doente. Fraca e cansada com tantos trabalhos e preocupações, enfermou-se, necessitando de hospitalização. No hospital daí, tiveram pena dela e arrumaram para que se tratasse em Campos do Jordão. Rosa ficou lá esses meses, na enfermaria e, quando recebeu alta, veio para cá, continuando por meses ainda com o tratamento.

– Ela não me disse nada!... – Ofélia não conteve o susto.

– Acho que não queria atrapalhá-la ou preocupá-la. Sabe como é nossa Rosa...

Ofélia tremia e lágrimas começaram a correr-lhe pelas faces pálidas.

– Onde está ela agora?

– Trabalhando de faxineira.

– Mando um abraço apertado a ela e outro a você. Liguei só

para saber de vocês. Respondo logo a carta, assim que a receber. Tchau.

– Tchau e abraços a todos.

Ofélia desligou o telefone e chorou sentida.

– Aguardemos, Antônia – disse. – Deixemos nossa Ofélia desabafar.

– Ela sofre.

– Mas também sente-se aliviada e poderá, assim, reparar a indiferença com que sempre tratou as irmãs.

Ofélia chorou por uns quinze minutos e, sentindo-se melhor, orou novamente. Sua atitude comoveu-nos.

"Obrigado, Jesus, obrigado, por ter me inspirado. Senti tanta vontade de falar com elas, uma necessidade de perguntar... Sei que foi meu Mestre e Amigo quem me ajudou. As forças divinas guiaram-me. Perdoa-me, meu Deus, perdoa-me Pai. Como fui injusta, como fui!"

Ofélia sentindo-se aliviada, sorriu e falou baixinho:

"Ai, que bom! Como estou contente! Rosa não é mãe de Caio. Que idiota tenho sido! Rosa nunca abandonaria um filho seu. É minha irmã e sempre a considerei pessoa de fibra. Nem que fosse para passar fome, não abandonaria um filho. Ela é inocente! Paulo também! Tudo foi coincidência e Caio foi realmente abandonado em nossa porta. A única culpada fui eu, pensando mal do meu esposo e de minha irmã! De minha irmã bondosa a quem deveria abençoar sempre. Doente meses por ter cuidado do nosso pai! Que vergonha sinto agora. Não vou contar a ninguém pois, se não contei antes, não falarei agora. Sofri anos por uma mentira, mentira que erradamente deduzi, sem tentar saber a verdade. Como errei! Se tivesse indagado, quando duvidei, não teria sido tão injusta. Concluí errado, sofri e fiz sofrer."

Pegou a carta e a beijou.

"Ficaremos unidas, farei de meu lar o lar delas. E você, Rosa, querida, não fará mais faxinas."

Seu semblante mudou, suas faces coraram mais e, alegre, foi para a varanda, pondo-se a fazer planos.

"Mandarei dinheiro, para que elas venham de avião. Ficarão acomodadas no apartamento de hóspedes, onde há duas camas e banheiro, pois quero fazer tudo para agradá-las e pedirei que morem aqui para sempre."

Esperou ansiosa que todos chegassem e, na hora do almoço, com todos sentados à mesa, disse contente:

– Recebi carta de minhas irmãs contando que, após a morte de Odair, estão passando por sérias dificuldades e pedem-me para ajudá-las, desejando voltar para cá. Acho que elas poderiam morar conosco, mas quero a opinião de vocês. Que acha, Paulo?

– Esse é o motivo de tanto contentamento? Notícias das irmãs? Ofélia o que decidir estará bom para mim. Conte comigo para o que quiser.

– Vivemos tão separadas, tão longe. O serviço de Odair as prendia lá, mas agora... e depois não estão bem. Obrigado, Paulo, por ser sempre tão bom comigo! Você é um ótimo marido.

Pegando a mão dele, olhou-o com carinho e falou com emoção, lembrando que tinha sido injusta com ele por tantos anos. E os filhos, não acostumados com cenas de carinho entre os pais, começaram a rir. Ofélia retirou a mão envergonhada.

– E vocês, que me dizem?

– Alegro-me – disse Carla –, porque gosto muito delas. Quando fui lá, trataram-me muito bem! Depois elas farão companhia à senhora, que não ficará mais tão sozinha.

– Concordo – pronunciou Caio –, sou o único que não as conhece. Somos uma família bem pequena, não temos avós, nem primos, mas só duas tias.

– Acho uma boa! – exclama alegre Sérgio –, gosto delas, pois sabendo que vão estar aqui, quando nos ausentarmos, será uma tranqüilidade. É bem melhor para a senhora, mamãe, ficar com as irmãs do que só com empregados.

– Está decidido, pedirei que venham – entusiasmou-se Ofélia –, hoje mesmo, tomarei as providências.

– Posso ajudá-la, mamãe? – indagou Caio.

– Sim, quero que passe uma ordem de pagamento para elas, a fim de que liquidem seus débitos e comprem passagens de avião.

– Faço isto agora, antes de ir para o escritório.

Ofélia sorria feliz e estava tão contente, que seus familiares se sentiram bem.

Todos saíram e Caio levou uma boa quantia para depositar em nome das tias. Ofélia dirigiu-se à dependência onde havia o escritório e pôs-se a escrever para as irmãs:

"Minhas queridas Zélia e Rosa:

Devo-lhes desculpas, por ser tão relapsa e não ter entendido que poderiam estar passando por necessidades. Acho-me realmente em condições de ajudá-las. Mas estarão concedendo-me um favor, se me fizerem companhia. Confesso que sempre acalentei a esperança de tê-las conosco, porém, por burrice, sim, burrice, pensei que quisessem permanecer aí.

Estou muito agradecida e feliz por quererem voltar para cá e por terem pensado em mim. Minha casa, nossa casa, é de vocês, porém não queremos que seja por pouco tempo, porque quero-as aqui em definitivo. Estamos há tanto separadas...

As crianças muito se alegraram com a notícia de suas vindas. Conhecerão Caio e verão que filho maravilhoso ele é.

Mando-lhes o dinheiro...

Venham o mais rápido possível, pois estamos ansiosos por estarem conosco e por abraçá-las. Suas acomodações já estão preparadas e todos a esperá-las.

Beijos, de sua irmã Ofélia."

"Talvez estranhem" – pensou –, "nunca escrevi a elas assim. Que importa! Pela primeira vez escrevo de coração e espero que sintam a minha sinceridade."

Tocou um sininho e logo uma empregada, moça simpática, veio atendê-la.

– Magda, por favor, largue o que está fazendo e vá colocar esta carta no Correio. Cuidado, é importante! É para minhas irmãs. Depois chame Marta, porque quero fazer algumas modificações e arrumações no quarto de hóspedes, para recebê-las.

A moça sorriu, admirando a alegria da patroa e correu a cumprir a ordem.

– Graças! – exclamou Antônia –, Ofélia está feliz.

– Ela – falei –, se sente reconciliada com as irmãs, de quem ela mesma se distanciou. Entretanto agindo agora com justiça, sente-se tranqüila. Tê-las aqui, será muito bom para ela. Ofélia tem o hábito de orar, fazendo-o com fé, e o Senhor atende qualquer pedido sincero de um devoto. Ouve as preces e acolhe a cada um que dele se aproxime com confiança. Antônia, deveríamos sempre ter fé na amorosa bondade de Deus. Conseguimos resolver, amiga, uma questão, mas o problema ainda continua. Ofélia não nos poderá ajudar mais e, assim, estudaremos os passos a seguir, daqui por diante. Aguardemos a noite, quando conhecerei Cidinha e sua família.

5

Sonhos

À noite, acompanhamos Caio que saía para visitar Cidinha. Morava ela bem perto, numa casa grande e bonita.

Encantadora e graciosa, notamos, ao vê-la, que era muito feliz. Sorriu alegre ao ver o namorado. Observando os dois juntos, notavam-se algumas semelhanças, principalmente a boca e a cor dos cabelos.

Conversavam animados e Caio, recordando o sonho, disse a ela:

– Cidinha, esta noite tive um sonho engraçado. Vi-me com um casal estranho e eles disseram para não me casar com você, porque éramos irmãos.

Riram.

– Sabe, Caio, já ouvi de muitas pessoas que nos parecemos fisicamente, como se fôssemos irmãos.

– Eu também já ouvi isso.

– Eis aí o motivo do sonho. Tudo bobagem.

Deixamos os jovens e entramos na casa. Helena, a mãe adotiva de Cidinha, fazia crochê distraída. Marcelo, o pai, lia o jornal. Examinamos ambos, procurando ver qual deles poderia nos ajudar.

– Helena não gosta nem que se toque no assunto da adoção – disse Antônia –, por isso nem pensa no fato. Para ela, foi como se tivesse gerado Cidinha. Pessoa boa, vive para o lar, para os dois, esposo e filha.

– Se é assim, Helena não nos ajudará, mas irá nos repelir se tocarmos no assunto da adoção, porque nunca pensa que Cidinha teve outros pais.

– Marcelo – continuou Antônia a apresentar-me os membros da família –, é bom, caridoso e presta inúmeros benefícios, ajudando creches e orfanatos. É estimado e querido como patrão, além de inteligente e amoroso. Ama a esposa e a filha com muito carinho.

– Ele é sensível e por isso acho que poderemos contar com sua ajuda. Faremos Paulo e Marcelo descobrirem a verdade.

– Como?

– Com paciência, tentaremos intuí-los.

Voltamos à casa de Ofélia e ficamos no jardim.

– Dará certo? Corresponderão aos nossos apelos? – indagou Antônia.

– Vamos tentar. Toda pessoa é livre para aceitar, ou não, sugestões. Todos recebem intuições, boas ou más, a cada instante, de amigos ou inimigos, desencarnados ou encarnados. Os pensamentos têm forma, criam imagens, que flutuam no espaço, por isso podemos emitir ou recebê-las, se estivermos na mesma sintonia. O pensamento é uma grande força, do mesmo modo que a eletricidade. Também a mente humana representa uma centelha da consciência onipotente de Deus. Vamos, querida Antônia, usar dessa força para ajudá-los.

– Antônio Carlos, pensamentos são trocas de fluidos e energia? Podemos então captar pensamentos alheios?

– Sim, principalmente, os afins. Mas podemos aceitá-los ou repeli-los. Devemos ter cautela e paciência, porque adoção não é assunto agradável a nenhum deles. Procuraremos intuí-los e também conversar com eles, quando libertos do corpo pelo sono.

– E se procederem como Caio?

– Insistiremos. Para os sonhos, Antônia, há muitas explicações. Podem ser recordações retidas na memória, relativas aos acontecimentos diários, ou histórias vistas e ouvidas. Seriam, ainda, recordações parciais de outras existências ou projeções de outras mentes.

– Como assim?

– Alguém pode pensar e projetar fatos e situações, que são captadas por quem sonha. Os bons usam projeções para instruir, ajudar, esclarecer e equilibrar pessoas. Os maus, para maltratar com pesadelos, para planejar crimes e maldades. Os vingadores, a fim de que suas vítimas lembrem seus crimes e sofram com as recordações.

– Os encarnados devem ser cautelosos ao interpretar sonhos, não é mesmo?

– Sim, a Doutrina Espírita recomenda a oração sempre antes de dormir, pedindo auxílio dos protetores espirituais, para que se possa ter contato com pessoas ou Espíritos bons. Para se saber com certeza se teve contato com os bons, observa-se a sensação deixada, se é boa ou ruim. Doamos o que temos e os fluidos não enganam, pois os maus não têm bons fluidos.

– Existe muita brincadeira nesses contatos?

– Espíritos brincalhões gostam de usar dos sonhos para pregar peças e dar idéias erradas, ou atiçar ciúme e passar medo, só para se divertirem. Os sonhos que dizem algo, devem ser cautelosamente estudados e analisados e não se deve crer em todos eles. Quanto aos que se repetem, podem ser avisos ou alertas, mas também podem constituir vingança de obsessores. Sempre é bom procurar entender os sonhos e, assim, se forem positivos e trouxerem bons conselhos, deve-se aceitá-los. Às vezes são bons, mas não agradam por serem contrários ao que se quer no momento. Se, depois de analisados, não forem bons, é necessário orar mais, vibrar melhor, querer Espíritos elevados por companhia e ser digno deles.

– Se vamos conversar com eles quando desligados pelo sono, recordarão tudo como um sonho, não é?

– Com o perispírito deixando o corpo adormecido, ele virá conversar conosco. O parcial desligamento é normal e muitos saem, nesse estado, a passeio para ir a encontros, a lugares bons ou ruins, para palestrar com outras pessoas, boas ou más, conforme suas afinidades ou, se necessário, para alguma finalidade. São muitos os trabalhos que encarnados fazem, quando libertos do corpo pelo sono, às vezes aprendendo ou prestando ajuda e socorro. Também quantos crimes são planejados, quantas vinganças alimentadas por imprudentes. E os encontros podem ser entre encarnados e desencarnados, e também somente entre encarnados, onde se trocam idéias de amizade ou desavenças.

– Pena que a maioria não se recorde, ou pouco se esforce para fazê-lo.

– O cérebro físico desconhecendo os fatos que se passam, traduz comparando com o que lhe é mais parecido, e, às vezes, faz algumas confusões. Veja como Caio recordou. Julgou-nos um casal estranho, por não nos conhecer, por estarmos vestidos fora da moda do momento: eu, simplesmente de branco, e você com esse vestido na moda de vinte anos atrás. Muito dos sonhos o cérebro físico não registra, porém uma sensação sempre fica. Sábio o conselho, ao dizerem a uma pessoa preocupada ou no intuito de solucionar um problema, para que vá dormir. "Uma noite bem dormida sempre ajuda, pois pela manhã a solução sempre aparece." É que há possibilidade de ser ajudado por amigos desencarnados, ou ele mesmo, desligado do corpo, volta a estudar o caso e acaba por achar a resposta adequada. Quantos, pela manhã, não ficam maravilhados com a resposta encontrada?

– Mas podem os maus também interferir?

– Certamente. Já vi muitas vezes obsessores incutirem nas pessoas idéias de suicídio, de crime e desavenças, e também darem sugestões erradas para solução de problemas. Porém todos nós temos o livre-arbítrio e inteligência para aceitar, ou não, o que nos é transmitido.

– Lembro que, quando era pequena, em certa ocasião sonhava muito com minha avó. Ora ela estava me batendo, mordendo, ou, outras vezes, ria ou chorava. Os vizinhos diziam que fiquei impressionada com a morte dela e, na tentativa de me curar, minha mãe levou-me para benzimento e, assim, os sonhos, para mim pesadelos, acabaram.

– É muito comum encarnados sem esclarecimentos, cujo corpo físico morreu, continuarem agindo e sentindo-se como encarnados. Normalmente permanecem em seus lares com aqueles que amam, ocasião em que os mais sensíveis sentem mais sua presença e esses desencarnados acabam prejudicando sem querer, por falta de entendimento, seus entes queridos. Pode ter sido que sua avó, ao desencarnar, tivesse ficado em seu lar, passando a vampirizá-la. E você, desligada do corpo pelo sono, conversava com ela, certamente ainda perturbada, que é coisa comum nesses casos, pois ria ou chorava, podendo até mesmo ter ela ralhado com você. E você, sem entender o fato, recordava esses encontros como pesadelos. Com o benzimento ou tomando passes, esses desencarnados muitas vezes são encaminhados ou socorridos, findando o problema. Pode ter acontecido também que você, Antônia, tenha ficado impressionada e os reflexos no cérebro físico faziam com que recordasse sempre. Ao benzer-se, uma força física maior que a sua deu-lhe a ordem para esquecer esses sonhos e você obedeceu.

– Benzimentos e passes, que tesouros de dádivas representam e dos quais tantos riem, ridicularizando!...

– É verdade. Felizes dos que dessa força se utilizam e dão-lhe valor, e bem-aventurados os que, com humildade, a distribuem. Acho que todos já estão adormecidos. Vamos, Antônia, falar com Paulo.

Ajudamos Paulo a desprender-se da matéria e ele, um tanto indeciso e assustado, olhou-nos.

– Amigo Paulo, necessitamos falar-lhe – disse.

– Não os conheço! Quem são?

– Já disse, amigos.

Antônia aproximou-se mais, ficando bem na sua frente. Cuidadosamente minha amiga plasmou o próprio perispírito, para ficar ainda mais parecida com Cidinha.

– É você, Cidinha? – indagou Paulo. – Como está bonita! Que veio fazer aqui à noite?

– Não sou Cidinha. Não se lembra? No passado... a mãe de Caio, sou Antônia.

– Ora... não pode ser Antônia, ela deve ter morrido.

– Morre somente a carne, mas vive-se em espírito, pois somos eternos e não acabamos.

– Não quero falar disso... e que os mortos descansem em paz.

– Sou Antônia!

– Hum... Que quer? Veio pedir dinheiro? Chantagem? Nem pense em fazer escândalo.

– Calma, Paulo. Não quero dinheiro, nem vim fazer escândalo.

– Quer o menino? Nem morta, ouviu? Você não é Antônia. Não pode ser. Como sabe desse fato? Não lhe dou meu filho. Chamo a polícia. Você quer mais dinheiro? Coloco-a na cadeia.

Paulo ficou nervoso, ameaçou e falava sem parar, não deixando Antônia dizer mais nada, e até quis agredi-la. Tive que intervir e fazer com que retornasse ao corpo bruscamente. Paulo acordou assustado, molhado de suor e deu graças por ter acordado.

– Meu Deus, que pesadelo! Alguém queria meu filho e ainda dinheiro! Que horror!

Dei-lhe um passe para que acalmasse e acabou adormecendo novamente.

– Não desanime, Antônia. Paulo sempre teve medo de sua volta e que o chantageasse. Receava que pudesse querer o filho, e que houvesse escândalo se o segredo viesse a ser descoberto. Deixemos que descanse. Vamos ao Marcelo.

Encontramos Marcelo na sala de estar de sua casa, a conversar com uma senhora desencarnada. A senhora cumprimentou-nos, gentilmente, e nos apresentamos explicando o porquê de nossa intromissão.

– Senhora, por motivo justo, aqui estamos para conversar com Marcelo.

– Sou a sogra dele, Etelvina, posso ajudá-los?

– Sim. Sou a mãe de Cidinha – disse Antônia –, e gostaria que nos ajudasse.

– Você é a mulher que desencarnou quando ela nasceu? Veio vê-la?

– Ao saber que ela é tão amada e feliz, venho vê-la só em visitas rápidas, mas o motivo que nos traz aqui é outro, mais sério, por isso peço que nos escute.

Antônia contou-lhe tudo e D. Etelvina escutou com atenção. Marcelo continuou sentado, pois lia um livro, descuidado de nossa presença.

– Meu Deus! – exclama D. Etelvina –, com tantos jovens, e Cidinha foi se interessar logo pelo irmão!

– Eles não sabem disso. Precisamos separá-los e logo.

– Entendo e orarei para que consigam. Falarei com Marcelo, que é boa pessoa, amo-o como filho e conversamos sempre que venho aqui. Gosta muito da leitura e o tenho encontrado sempre, fora do corpo físico, lendo ou estudando.

– Marcelo! – dirigiu-se D. Etelvina a ele, que largou o livro e olhou-a com carinho. – Estão aqui pessoas amigas que querem falar-lhe. É um assunto sério, por isso deve prestar atenção e fazer o que recomendam, pela felicidade de Cidinha.

– Algo de ruim se passa com ela? – indagou preocupado.

– Não, Cidinha não corre nenhum perigo. Mas um problema tem que ser solucionado e estes amigos aqui estão para ajudar, são Antônio Carlos e Antônia.

D. Etelvina retirou-se. Marcelo cumprimentou-nos e eu lhe disse calmamente, transmitindo confiança:

– Marcelo, quero ser seu amigo e vim de longe para conversar com você.

– É médico?

– Sim, sou, porém não é este o motivo. Estamos cientes de seu segredo, sobre a adoção de sua filha.

Marcelo observou-me e notei que gostou de mim, mas não lhe agradou o tema da conversa, pois a adoção não lhe era assunto interessante.

– É por ser médico que sabe?

Não respondi a indagação, tentando ser agradável.

– Marcelo, Paulo é seu amigo, não é? Seus filhos namoram. Não seria conveniente contar-lhe tudo sobre Cidinha?

– Contar? Por quê? Prometemos guardar sigilo. E, também, segredo que se conta não é mais segredo. Por que isso interessaria a Paulo?

– Em amigos se confia. Se não contar, estará traindo sua confiança. Paulo é honesto e guardará esse segredo como se fosse dele.

– Que tem Paulo a ver com o caso? Quem casará com ela é Caio. Conheço o garoto, que não irá importar-se com esse fato.

– Concordo. Nem ele nem Paulo se importarão, pois são pessoas de bem e longe de serem preconceituosas. Caio é jovem e não se interessará pelo assunto. Porém é a Paulo que deve contar. Ele é seu amigo e pai de Caio e será sogro de sua filha, seu segundo pai. Por que não conta a ele?

– Vou pensar.

Calamos por instantes e Marcelo retomou a palavra:

– Não quero ser indelicado, pois D. Etelvina pediu-me para escutá-los, mas que têm vocês com isso?

Antônia ia falar, mas adiantei-me e minha amiga entendeu-me. Não queria espantar Marcelo e, por isso, deveríamos ter cautela. Se soubesse a verdade naquele momento, talvez achasse graça.

– Nada tem em especial – respondi. – Trabalhamos ajudando as pessoas. Consideramos que esconder um fato desse pode ter no futuro graves conseqüências. E se descobrirem mais tarde? Acusarão você de ter ocultado algo muito importante. Quem lhe garante que não venha a ser descoberto? Ocultando, não estará traindo a confiança de seu amigo?

– Só quatro pessoas sabiam disso: meus sogros, que já faleceram, Helena e eu. Nem a meus pais contamos. Ninguém mais sabe.

– Estamos cientes disso.

– São desencarnados? – respondeu-nos, demonstrando ser esclarecido.

– O pessoal do hospital também sabe! – ponderei.

– Será? Já se passou tanto tempo!

– Pense, Marcelo. E melhor contar.

Despedimo-nos e Marcelo voltou ao corpo pensativo e preocupado.

No outro dia, ao despertar, não se lembrou da nossa conversa. Sentiu apenas uma sensação de que deveria contar algo a alguém. Isso inquietou-o e o fez sentir-se preocupado.

Por várias noites conversamos com ele. Marcelo aceitava-nos bem, mas relutava em revelar o segredo tão bem guardado. Achava que nada se modificaria e temia que viessem todos a saber, especialmente a filha que nunca desconfiara. Após nossa terceira conversa, Marcelo, acordado, recordou que conversara com alguém sobre a adoção da filha e os fatos da adoção vieram como recordação. Pôs-se, então, a cismar se deveria contar a Paulo. Não sabia explicar o porquê, mas estava com vontade de contar ao amigo. Acompanhamo-lo e intuímo-lo sempre com o pedido: "Conta a verdade ao Paulo!"

Na quarta vez, Marcelo conversou conosco educadamente, mas demonstrou estar cansado de minha insistência. Não revelamos o fato de Cidinha e Caio serem irmãos. Argumentávamos somente que não deveria esconder do amigo a verdade.

De outra parte, Paulo não querendo mais nos ver, repelia-nos. Então, aproveitamos que estava adormecido, mas com o perispírito no corpo físico, projetamos para ele cenas de seu passado, recordando seu romance com Antônia. Via tudo e chorava arrependido por ter traído a esposa e por ter seduzido uma jovem caipira.

Do mesmo modo que Marcelo, após três vezes, lembrou-se vagamente, ao acordar, do sonho e de Antônia.

No quarto dia, quando acordou, fizemos sutilmente a comparação entre o sonho e Antônia.

No quinto dia, procedemos à comparação entre Antônia e Cidinha, firmando bem a semelhança entre as duas.

Paulo acordou preocupadíssimo. Lembrou-se nitidamente de como era Antônia e orou por ela, pois temia muito os mortos. A última notícia que tivera dela foi a de que tinha falecido dois ou três anos após Caio ter nascido.

Indagou a si mesmo o dia todo:

"Com quem Antônia é parecida?"

Não deixamos que se esquecesse, repetindo-lhe sempre: "Paulo! A semelhança? Quem se parece com Antônia?"

Ficou pensativo o dia todo. Por várias vezes, passava pela sua mente todas as mulheres que conhecia.

– Será Caio? Não, ele tinha pouca semelhança com ela. É uma mulher? Quem? Pensou nos funcionários do escritório, das fábricas, mas nada. Não, não é, não acho. Mas sei que conheço alguém parecido. Meu Deus! Será que Antônia não morreu? Será que a vi por aí? Não... bobagem, porque, se Antônia fosse viva, teria minha idade. Penso numa jovem...

Chegou sábado, o dia da festa de Cidinha. Carla estava toda animada. Mas os irmãos não queriam levá-la, mas Ofélia interferiu e pediu ao esposo:

– Paulo, leva Carla à festa, por favor. Os meninos querem voltar mais tarde. Você encontrará amigos lá, Marcelo e Helena ficarão felizes por tê-lo como companhia. Carla quer tanto ir...

– Está bem, Ofélia, conte comigo.

Carla pulou no pescoço do pai e beijou-o agradecida.

Acompanhamos os dois. A festa estava animada, cheia de jovens amigos. Paulo sentou-se em companhia de outros pais que, como ele, acompanhavam os filhos e conversaram animados. Cidinha e Caio dançavam felizes. Chamei a atenção de Paulo para o casal e ele passou a observá-los.

– Vê como Cidinha é bonita! – exclamei várias vezes a ele.

Tentei passar a imagem de Antônia e consegui. Paulo descobriu quem se parecia com a mãe de Caio.

Paulo ficou branco, procurou se controlar, pedindo licença aos amigos, foi para o jardim.

– Meu Deus! Achei a pessoa que se parece com Antônia. É incrível! Sempre achei Cidinha com a feição parecida com alguém que conhecia. Mas com Antônia? Por que com ela? A semelhança é impressionante! E como se parecem! Por que essa semelhança? Não tem nada a ver uma com a outra! Coincidência?!

Paulo ficou nervoso com a descoberta, porém controlou-se, procurou acalmar-se e voltou à sala, tentando esquecer o assunto.

Marcelo estava orgulhoso, gostava de reunir seus amigos e os da filha, em casa. Achava que o melhor lugar para a filha se divertir era em casa, e Helena adorava preparar festas e ser anfitriã. Por isso, festas eram comuns em seu lar. Marcelo observava a cada instante a filha com Caio, sorria satisfeito e pensava distraído:

"Caio é o genro que pedi a Deus. Ele tomará conta com honestidade e bondade de tudo o que é nosso. Confio no garoto. Paulo planeja deixar Caio em seu lugar, mas ele tem Sérgio. Caio ocupará o meu lugar e logo que se casem, farei convite, com muitas vantagens, para trabalhar comigo e ficar em meu lugar. Cidinha não saberá cuidar das indústrias, pois não gosta de negócios e nem quero. Caio é meu herdeiro perfeito."

A festa acabou e Paulo, aliviado, levou Carla para casa. Deitou-se logo, porém, não conseguia dormir, porque sua descoberta tirara-lhe o sono. Não podia entender o porquê da semelhança, e apenas sentia uma sensação estranha que o incomodava.

– Deixemo-lo, Antônia. É bom que Paulo pense e preocupe-se com sua descoberta. Para nós é útil que tenha essa semelhança bem viva em sua mente. Vamos ao Marcelo, pedir que conte seu segredo ao Paulo, aí tudo se desvendará.

– Se não conseguirmos fazer com que Marcelo conte?

– Estamos tentando, porém Marcelo é que deverá fazer a escolha.

– É triste pensar que namoram e que são irmãos.

– Devemos separá-los e logo, porque de outro modo acabam se casando, por isso é preciso forçar um pouco Marcelo.

– E se fizéssemos os dois brigarem?

– Como? Com intrigas? Seria impossível fazer que deixem de se amar. Depois, uma simples briga não os separaria. Se Marcelo negar-se realmente a contar, voltaremos ao Paulo e pediremos que investigue a semelhança que o intriga.

Regressamos ao lar de Helena. Colocavam os objetos em seus lugares, ajeitando a confusão deixada pela festa, enquanto Marcelo conversava com Cidinha:

– Filha, você ama mesmo Caio? Pensam em se casar?

– Sim, papai, amo-o. Caio é tão bom e, em temperamento, parece com o senhor. Pensamos em nos casar logo. Não está de acordo? Acha-me muito jovem? – indagou a mocinha, rindo.

– Sabe que gosto muito de Caio, fico contente e sinto que serão felizes. Você é jovem, mas se tem que se casar, que seja com Caio, porque também é o meu escolhido para genro.

Não se demoraram muito e foram para o quarto. Marcelo logo adormeceu, desprendeu-se do corpo e, ao nos ver, disse descontente:

– Vocês de novo?

– Marcelo – perguntei-lhe –, observa bem Antônia, não é parecida com alguém?

– Com Cidinha. Notei isso desde a primeira vez. É a mãe dela, não é?

– Sou – respondeu Antônia.

– Que tem isso? – indagou Marcelo –, morreu ao dar à luz, não foi? Só pode estar feliz em ver a filha bem e não tem motivos para se intrometer em minha casa. Desculpem-me, senão perco a paciência.

– Antônia é agradecida... – disse-lhe eu –, é totalmente reconhecida a você e a Helena. Se não fosse justo o motivo, não o incomodaríamos. É que Antônia é mãe de outra pessoa também, teve outro filho. E esse outro filho é Caio.

– É por D. Etelvina que os escuto, mas brincam comigo!...

– Não brincamos. Você tem conhecimentos para distinguir os Espíritos desencarnados bricalhões dos sérios. Antônia está muito preocupada. Teve dois filhos, que foram entregues a pessoas diferentes. E, agora, encontram-se... namoram. Como vocês guardam em segredo a adoção de Cidinha, e Paulo e Ofélia fazem o mesmo com a de Caio, estamos insistindo com você para que conte a verdade ao Paulo, e ele confirmará...

Marcelo cambaleou, analisando-nos. Permanecemos sérios.

– É muito triste! Não posso acreditar! Minha menina vai sofrer, inclusive porque todos comentarão, Helena sofrerá, eu sofrerei...

– Não dramatize, Marcelo – disse-lhe –, primeiramente tente, quando acordado, desvendar esse mistério e, depois, pense num modo de suavizar, porque nem todos precisam saber a verdade.

– Não consigo lembrar, acordado, o que me narram. Que devo fazer?

– Concentre-se no seguinte: "Necessito com urgência contar a Paulo que Cidinha é adotiva".

Marcelo repetiu várias vezes a frase que sugeri, voltou ao corpo e acordou. Sentou-se na cama, assustado, olhou as horas, levantou-se e foi tomar água. Foi para a sala, às escuras, e pôs-se a pensar no que recordara do sonho. Balbuciou baixinho:

"Contar ao Paulo? Um segredo tão nosso... nem pensava nesse assunto. Porque essa vontade agora? Sinto-me preocupado nem sei por que, mas estou com vontade de falar com Paulo. Ai! Meu Deus! Sinto que algo de grave irá acontecer, se não falar da adoção com Paulo.

Aproximei-me dele, tentei transmitir meus pensamentos a ele e mentalmente conversamos:

"Marcelo, atende-me, conte ao Paulo e terá sossego. Ele é seu amigo, é pessoa em quem se pode confiar e, por isso, guardará segredo."

"Mas, se Helena descobre que falei a alguém sobre a adoção, ela me mata..."

"Não fale nada a ela, esse assunto deverá ficar só entre vocês dois."

"Por que me sinto tão inquieto? Sou o pai de Cidinha e ela foi criada por nós, que a amamos tanto. Que importância terá esse fato a alguém? Meu sonho é ver Cidinha e Caio casados. E, se Paulo fizer objeções? Hum!... Bobagens, conheço meu amigo. Acho que vou contar."

"Conte, Marcelo, conte."

Marcelo voltou ao quarto e logo adormeceu.

Antônia e eu nos retiramos. Mas, no domingo, por muitas vezes lembramos Marcelo de que deveria contar o segredo a Paulo. E ora concordava, ora achava que não devia. Passou o dia preocupado, calado e pensativo, mas logo a esposa percebeu e indagou:

– Que tem Marcelo? Que sente?

– Nada, nada, estou bem– respondeu e, olhando para a filha, indagou:

– Cidinha, se tivesse um grande segredo, contaria ao seu melhor amigo?

Cidinha pensou por instantes e, nessa hora, esforcei-me para intuí-la. Era mimada, porém inteligente, sensível e bondosa, tendo respondido mais ou menos como queríamos:

– Acho que sim. Amigos são para repartir segredos. Ainda mais se o segredo me desse preocupações. Duas cabeças pensam melhor que uma.

A filha afastou-se e Marcelo continuou a pensar:

"Acho que vou mesmo contar ao Paulo, pois tudo isso começa a enervar-me. Para que não digam mais tarde que enganei um amigo, conto agora, e sei que guardará segredo."

Mesmo tendo ele tomado a decisão, ainda o lembramos mais vezes. Ao deitar-se, estava exausto, adormeceu logo e veio triste se encontrar conosco:

– Marcelo, coragem – falei-lhe, abraçando-o –, conte tudo ao Paulo logo, não adie, vá ao encontro dele amanhã cedo. Caio não estará no escritório e, assim, encontrará seu amigo sozinho.

– Obrigado, amigo, irei amanhã cedo.

Quanto a Paulo, passou o domingo a cismar e disfarçou sua preocupação para que ninguém percebesse. Fingindo ler, ficou a pensar na semelhança entre Antônia, a mãe de Caio, e Cidinha, sua futura nora.

Ofélia e os filhos estavam eufóricos, porque no dia seguinte à tarde Zélia e Rosa chegariam. Só falavam nas tias e nos preparativos da casa. Para o pai de Caio, o dia foi longo e, ao deitar-se, demorou a dormir.

6

O Segredo

Marcelo acordou cedo na segunda-feira e saiu rápido para que não desse tempo de a esposa perceber seu nervosismo. Nunca escondera nada da companheira. Não queria mentir a ela, nem falar de suas preocupações. Foi para o escritório e, para que não desistisse de ir ao encontro e falar com Paulo, ficamos ao seu lado, recordando-lhe o que deveria fazer. Estava agitado e não conseguia trabalhar, pois só pensava na adoção. Eram nove horas, quando rumou para o escritório do amigo.

"Se tenho que fazer, é melhor que faça logo" – falou alto –, "estou agoniado e não consigo esquecer esse assunto."

Paulo recebeu-o contente e, após um abraço, Marcelo pediu:

– Paulo, venho conversar com você e, como o assunto é sério, gostaria que não fôssemos interrompidos.

– Alguma preocupação, Marcelo?

– Você julgará por si mesmo.

Paulo deu ordem à secretária para não ser interrompido. Sentiu-se inquieto, recordando suas próprias preocupações. Do lado de cá, Antônia e eu ficamos observando, a escutar a conversa e prontos para interferir se necessário, visando melhor esclarecimento, porém não foi necessário.

– Estamos a sós, Marcelo, disponha de mim – disse Paulo, diante do silêncio do amigo.

– É meu amigo, não é, Paulo?

– Sou, sabe que sou, e tenho enorme prazer nisso. Gosto muito de você, mas está preocupando-me. Seja o que for, conte-me logo.

– Dá-me sua palavra de que, sobre o que disser, não falará a ninguém? Guardará segredo do que ouvir? Não que duvide de você, mas é importante para mim ter sua palavra.

– Tem minha palavra, guardarei segredo.

Marcelo suspirou, sentando-se na cadeira ao lado de Paulo.

– É melhor, para que entenda, contar do início. Quando me casei, foi naquele tempo em que estivemos distanciados, ou seja, na mesma época em que você também se casou. Estava apaixonado e feliz, mas após alguns meses vi ameaçada minha felicidade, pois não conseguíamos ter filhos, porque Helena não se engravidava.

Marcelo fez uma pausa. Paulo achou exagerada a preocupação de Marcelo, pois pensava que viera falar de negócios, e endireitou-se na cadeira. Entretanto sentiu um estranho pressentimento, por isso prestou mais atenção ao amigo:

– Médicos foram consultados e nada. Três anos se passaram e Helena parecia obcecada, pois só pensava em ter filhos. Aí, ficou grávida para nossa alegria. Mas, antes de completar o quinto mês de gestação, a gravidez foi interrompida e perdeu a criança. Foi um período difícil para nós, porque começamos a brigar, a nos ofender. Porém Helena, logo após, engravidou novamente. Estava nervosa e temia perder a criança e eu fazia tudo o que podia para acalmá-la, mas também tinha algum receio. Sentia que, se não desse certo, íamos acabar nos separando. Meu sogro e a esposa naquele época moravam no interior de São Paulo. Tinha ele um emprego que o fazia mudar muito de cidade. Helena, no quarto mês de gravidez, quis ficar com a mãe e o médico dela achou boa a idéia, porque lá era uma cidade calma e de clima bom. Concordei também, porque minha sogra, pessoa boníssima, tinha o dom de acalmar a filha. Desse modo, Helena foi para a casa dos pais e voltaria assim que a criança nascesse.

Helena gostou da cidade e tudo corria bem. Ia vê-la de quinze em quinze dias.

Estando Helena no sexto mês de gravidez, com desenvolvimento normal, nossas esperanças aumentaram. Entretanto na época de visitá-la, fui feliz, porém, ao ver meus sogros a me esperar, senti um pressentimento triste. Contaram-me então que há três dias nosso filho tinha nascido morto; que Helena estava fisicamente bem, mas moralmente abalada e tristíssima. Não deixou me avisarem. E, assim, sofreu muito, não conversou comigo, nem conversava com ninguém, por isso chorei de pena ao vê-la tão abatida e desarrumada. Agradei-a, mas parecia nem notar-me. Ficava parada, com o olhar distante, pensativa, recusando-se a alimentar-se. Só dormia com calmante receitado pelo médico. No dia seguinte cedo, minha sogra veio acordar-me e, cuidando para não acordar também a filha, conduziu-me à sala e disse baixinho:

"Marcelo, no hospital há uma orfãzinha. Nasceu esta noite, é branca, perfeita, miudinha, e a mãe, indigente, morreu ao dar à luz. Está para ser adotada..."

"Dona Etelvina! Acho que é uma solução. Vamos buscá-la."

Assim, em dez minutos, estávamos, meus sogros e eu, no hospital. Quis primeiramente conversar com o médico que atendera Helena e, por sorte, o encontramos. Ele nos atendeu logo e explicou-nos que ela não poderia ser mãe, não engravidaria mais.

– Ah! Paulo! Como me lembro de tudo. O tempo passou, mas as lembranças ficaram.

Marcelo deu um suspiro triste e continuou:

– A madre encarregada da direção do hospital escutou nosso pedido e nos disse:

"A mãe do nenê não estava doente, porém só fraca, por ter sofrido muito, e a criança não tinha pai ou, segundo ela, tinha mas a abandonou. Contou-me que não tinha ninguém, que era sozinha. Morreu, mas a menina é um amor."

"Dá-nos a criança, por favor" – pedi. – "Helena enlouquece, não poderá mais ter filhos. A menina será nossa, cuidaremos dela com todo amor."

"Acredito que sim" – falou-nos a madre. – "Conheci sua esposa e entendo seu sofrimento, porque sei de sua vontade de ser mãe. Gostei de vocês e sinto que são pessoas boas. Sempre procuro resolver os problemas, facilitando-os. Aqui temos uma orfãzinha necessitada de carinho sem pais, e vocês querendo um filho. Certo seria ir ao juizado, fazer a adoção, mas tudo isso demora e, nessa espera, a menina ficaria órfã. Vou dar a criança a vocês, porque sinto que é como filha que a recebem. Preencham esta ficha com o nome de D. Etelvina e esposo, mencionando que residem nesta cidade, e podem levá-la."

– Duas horas depois, voltei com a menina nos braços e entrei no quarto. Helena estava parada, olhando para o nada. Mostrei-lhe a menina e lhe disse:

"A mãe dela morreu, como aconteceu com nosso nenê, e a menina estava sozinha, não tem ninguém... A madre nos deu, é nossa agora. Não quer vê-la?"

– Helena sentou-se na cama, olhou a criança, pegou-a e desenrolou seu agasalho.

"É linda" – exclamou. – "Ela é nossa? Verdade? Meu Deus, que bom! Agora sou mãe, não é Marcelo?"

– A menina começou a chorar e, como um milagre, Helena levantou-se e foi cuidar dela e a embalou, até que parou de chorar. Deu-lhe banho, colocou-lhe as roupinhas que tinha preparado para o enxoval do nosso bebê, alimentou-a. Em poucos instantes, minha mulher tornou-se alegre, alimentou-se, voltando à vida. Chorei de emoção, pois a amava e passei também a amar a menina como minha. Helena, agora calma e arrumada, disse-me:

"Marcelo, fiz uma promessa a Nossa Senhora da Aparecida, pedindo-lhe um filho. É Deus que dá filhos às pessoas, não é? Então, foi pela vontade de Deus que esta menina veio até nós. Quero dar-lhe o nome, cumprindo meu voto, de Maria Aparecida, você concorda?"

"Claro, Helena, será nossa Cidinha."

"Marcelo, sei que ela não é de nossa carne. Mas será como se fosse, não é? Se não contarmos a ninguém, ninguém saberá. Todos, amigos e familiares, sabem que estou grávida. Podemos dizer que Cidinha nasceu de sete meses."

– Foi o que fizemos e, alegremente, dissemos a todos que Cidinha nascera de sete meses. Um mês após, meus sogros trouxeram Helena e a menina. Ninguém duvidou. Cidinha era miúda, mas forte e, com o imenso cuidado e carinho de Helena, logo se tornou um bebê robusto. Passamos, então, a viver em paz e harmonia. Meus sogros mudaram de cidade e nunca mais voltamos lá. Tempos depois, eles faleceram. Por isso, somente Helena e eu sabemos desse fato. E, se ela souber que lhe contei, brigará comigo. Mas, porque Caio vai casar com Cidinha, senti necessidade, aflição, de contar-lhe tudo. Sei que não muda nada e...

Marcelo conservava a cabeça baixa, enquanto narrava, e entretinha-se com a chave do carro. Levantou a cabeça e olhou para Paulo, que o escutava aflito, pois suava, estava branco e olhava-o com espanto:

– Paulo! – exclamou Marcelo sentido. – Que tem você? Abalou-se com meu segredo? Vai dizer que isso importa a você? Não irá querer mais o casamento dos meninos? Eu...

Paulo começou a chorar e Marcelo assustou-se, levantou-se e chegou mais perto do amigo, colocando a mão em seu ombro.

– Puxa, Paulo, como você é emotivo!

Com rapidez, Marcelo pegou um copo d'água para Paulo, que tomou, esforçando-se para acalmar-se e, após uns minutos, disse:

– Marcelo, não sabe o que significou para mim ouvi-lo. Há tantos anos somos amigos, desde que éramos garotos. Houve uma época em que estivemos distanciados e, nesse tempo, tantas coisas aconteceram. Por contar-me um segredo, agradeço, e tudo leva-me a crer que foi inspirado a contar-me. Escute-me agora, porque também tenho um segredo, e não menor do que o seu.

Paulo fez uma pausa e, com voz lenta, começou a falar:

– Como você sabe, sou filho único e meus pais queriam verme casado jovem ainda, só que com a moça que escolhessem. Entretanto apaixonei-me por Ofélia, moça de família pobre, sem estudos, apenas uma balconista, e por isso meus pais foram contra. Sempre quis muito bem a eles, mas não abri mão do que queria. Dei-lhes tremendo desgosto, quando casei. Como você, tive problemas para ter filhos. Ofélia não engravidava, meus pais queriam netos, cobravam-nos e, assim, começamos, Ofélia e eu, a desentender-nos. Não fui forte e honesto como você. Apesar de amar minha esposa, cedi aos encantos de uma jovem empregada de meus pais e ela engravidou. Levei um choque ao saber e temi as conseqüências, mas como sempre acontecia, meu pai encontrava solução para todas minhas dificuldades e, daquela vez, embora temeroso, recorri a ele. Ouviu-me, não ralhou comigo e, para meu alívio, achou uma solução. Neto para ele era quem fosse meu filho, não importando se viesse de minha esposa ou de qualquer amante. Pensou e arrumou tudo. Levou a moça para a fazenda, onde foi tratada muito bem, e deu à luz. Como foi combinado, meu pai deu-lhe uma boa quantia em dinheiro e ela partiu, deixando-nos o filho. No dia do nascimento do menino, meu pai, à noite, trouxe-o para a cidade, deixando-o na porta de minha casa. Eu sabia e esperava-o ansioso. Tudo deu certo, Ofélia amou-o assim que o viu, e nunca soube da verdade. Essa criança, Marcelo, é Caio, meu filho mais velho. Logo depois, nasceram Sérgio e Carla.

– Que interessante! – sorriu Marcelo –, cada um dos jovens com um segredo. Contei-lhe o meu, hesitei e pensei muito, sofrendo na incerteza se deveria fazê-lo ou não. E você contou-me o seu. Guardaremos segredo e não muda nada.

– Marcelo, sabe como se chamava a mãe de Cidinha?

– Não.

– Acho, amigo, penso que muitas coisas vão mudar. Meu Deus! Tomara que esteja errado.

– Mudar? Como? Por quê?

– Escuta-me. A mãe de Caio, após o parto, partiu com um ex-empregado da fazenda. Mais tarde, ficamos sabendo que falecera numa cidade do interior de São Paulo. E, se não estou enganado, é essa que você citou, onde Cidinha nasceu. Marcelo, há tempo que acho Cidinha parecida com alguém. E, por um sonho, descobri quem era. Sim, sonhei com a mãe de Caio, e é com ela que Cidinha se parece. Essa semelhança deixou-me preocupado, nervoso e sem explicação. Calculando datas, Antônia, a mãe de Caio, deve ter morrido na época em que Cidinha nasceu. Lembro-me, agora, que um primo de Antônia descobriu que ela morrera, mas não contou para os pais dela. Ficamos com pena, mas, para meus pais e eu, foi um alivio, pois temíamos ser chantageados.

– Que está tentando dizer-me, Paulo! Semelhantes? Tem certeza? São realmente parecidas?

– Sim, são. Sinto muito, Marcelo. Acontecimentos do passado, que julgava para sempre enterrados, vêm à tona. Nunca percebeu que Cidinha e Caio têm traços parecidos? A cor dos cabelos, a boca, o jeito...

– Meu Deus! Seria cruel demais. Será que essa Antônia é a mãe de Caio e de Cidinha? É isto que está lhe ocorrendo?

– É, Marcelo. A semelhança intrigava-me, mas nunca pensei que Cidinha fosse adotiva, agora desconfio que sejam irmãos.

– E se forem? Terão que se separar. Que faremos?

– O melhor é descobrir a verdade. Talvez não sejam, aí esqueceremos o assunto, como se esquece um pesadelo. Porém, se forem realmente irmãos...

Silenciaram. Cada qual voltou o pensamento para seu filho e no sofrimento que teria.

– Essas desconfianças devem ficar entre nós, Paulo, até descobrirmos a verdade.

– Concordo. E, se forem verdadeiras, resolveremos o que fazer. Por hora, basta só nós dois sabermos.

– O melhor é ir investigar na cidade onde Cidinha nasceu e tentar obter dados de sua mãe. Vou até lá e tentarei descobrir tudo.

– Se o nome da mulher que morreu for Antônia S.C., são irmãos.

– Que tristeza!... Acho que vou logo.

– Estamos agoniados, Marcelo, melhor mesmo é descobrir logo.

Abraçaram-se.

– Telefono a você, Paulo. Vou ainda esta semana e, se Deus quiser, descobrirei tudo.

Marcelo foi, aflito, para seu escritório, pois a suspeita martirizava-o mais ainda. Resolveu ir na quarta-feira bem cedo e, assim, passou a trabalhar rapidamente, acertando o que tinha de mais urgência. Durante o almoço, disse à esposa:

– Helena, vou a São Paulo na quarta, arrume minha mala, devo ficar de dois a três dias, vou...

– Está bem, querido, vai a negócios!

De outro lado, Paulo estava preocupadíssimo e nem foi almoçar em casa, desculpando-se. Não se encontrou também com o filho, pois Caio não viera trabalhar para esperar as tias.

"Que boa ocasião para elas virem" – exclamou –, "com movimentação em casa, não notarão minha preocupação."

À tarde, pediu para a secretária comprar flores e levou-as para as cunhadas.

A casa de Ofélia estava animada, com todos conversando alegres.

Paulo chegou, abraçou as cunhadas e deu-lhes as flores, e disse-lhes que eram bem-vindas. Ofélia sorriu contente com a gentileza do marido.

Zélia tinha o aspecto de cansada e doente. Paulo observou Rosa e pensou: "Os anos não a mudaram muito, pois está linda, meiga e tímida". Rosa, ao sentir-se observada pelo antigo namorado, corou por segundos e seu coração bateu forte.

Acompanhamos o pensamento de Rosa : "Paulo continua o mesmo e está muito bem. Como sofri por ele e, agora, ao vê-lo vem a dúvida: será que realmente o esqueci? Não posso amá-lo e Deus me ajudará a esquecê-lo. É marido de minha irmã e recebeu-nos tão bem! Se não fosse por Zélia, não voltaria, mas sem recursos não conseguiria tratar dela. Está tão doente!..."

– Paulo! – chamou Ofélia, despertando Rosa de seus pensamentos –, ajuda-me a convencer minhas irmãs. Quero que façam exames médicos, visitem o dentista e...

– E que comprem roupas novas e bonitas – intrometeu-se Carla, alegre. – Eu as levarei às lojas.

– Elas não querem – finalizou Ofélia.

– Não queremos dar trabalho e... – disse Zélia.

– Aqui, senhoras – disse Paulo –, Ofélia manda e é obedecida. Ela tem razão, Zélia parece-me cansada, e se negarem esse favor a Carla, de lhes mostrar as lojas, a menina tem um ataque. – Todos riram. – Por favor cunhadas, fiquem à vontade, porque nossa casa é também de vocês. Esperamos que fiquem em definitivo conosco. Alegro-me por estarem aqui e por ver Ofélia tão feliz.

Não prestaram mais atenção nele e sentiu-se aliviado por isso. Procurou ser gentil e fingiu estar alegre. As irmãs conversavam sem parar, enquanto que os adolescentes queriam participar e saber do passado das tias.

Paulo sentia-se culpado. Pensava que, se voltasse ao passado, não iria repetir o erro. Caio teria vindo como filho deles, era só ter paciência. E, assim, não estaria agora com este problema que o afligia. Todavia agradar à esposa era uma necessidade, e isso amenizava um pouco o remorso que sentia.

Os dias seguintes, na casa de Paulo, foram de alegria e animação, embora, para ele, exprimissem agonia, na espera do regresso de Marcelo.

7

A Verdade

Com tudo preparado, Marcelo viajou na quarta-feira de manhã e, procurando acalmar-se, dirigiu o carro com cautela. Acalentava a esperança de que não se confirmassem as suspeitas e que Caio e Cidinha nem de longe fossem parentes.

Chegou às dez horas e procurou um hotel discreto e simples. A pequena cidade se modificara, crescera e se modernizara, lembrando pouco do que fora tempos atrás. Aguardou, no quarto, a hora do almoço, e às onze horas e trinta minutos desceu ao refeitório, alimentou-se pouco e, logo depois, foi ao hospital.

Este também estava diferente, pois fora aumentado e embelezado. Na recepção, teve conhecimento de que as Irmãs de Caridade ainda trabalhavam ali, como outrora. Pediu, então, para ser atendido pela Irmã Superiora.

Foi conduzido a uma pequena sala e convidado a sentar-se. Pediram que aguardasse a Irmã, que logo viria. Marcelo sentia-se mais nervoso ainda e seu coração batia forte.

Antônia e eu acompanhamos Marcelo, passo a passo. Estava ele com vontade de ir embora e de não tentar descobrir nada, deixando tudo como estava. Achava que todas as suspeitas eram sem fundamento, parecendo-lhe impossível uma coincidência tão grande, a de os garotos serem irmãos.

Uma Irmã desencarnada veio cumprimentar-nos. Após as apresentações, Antônia explicou o porquê de nossa visita, resumindo sua história.

– Nunca vi nada igual – disse-nos gentilmente. – Temos arquivos de longa data inclusive com óbitos, porém não é sempre que nossa laboriosa Irmã Superiora deixa estranhos vê-los. Prometo ajudá-los.

Sorriu encantadoramente, evidenciando que tudo nela demonstrava bondade e dedicação. Cinqüenta e um anos, quando encarnada, serviu ao próximo, como enfermeira. Depois da morte de seu corpo físico e, após um período de descanso e aprendizado, voltou ao hospital, para servir em nome de Jesus a todos os necessitados do corpo e do espírito, sempre com amor e carinho.

A Irmã Superiora entrou, cumprimentou gentilmente Marcelo, que lhe explicou desajeitado:

– Irmã, adotei uma criança neste hospital há precisamente dezenove anos. Por ter surgido um problema, necessito saber o nome da mãe dela, que faleceu no parto. Seria possível?

– Não sei, tanto tempo!...

– Por favor, Irmã, é importante.

Marcelo agitou-se e, mudando constantemente de posição na cadeira, pensou aflito: "Que faria se não fosse possível? Como ficar na dúvida?!"

– Nossos arquivos estão no depósito e não sei se poderemos achar o que quer. Temos falta de pessoal e não posso dispor de ninguém para essa procura, que necessita de tempo.

– Tenho tempo e posso procurar. Por favor, não quero incomodar, é só mostrar-me o lugar e dar sua permissão.

– Não costumamos deixar estranhos entrarem lá. Senhor... Marcelo, queira mostrar seus documentos!

– Oh sim! Aqui estão.

A Irmã examinou-os e nossa amiga desencarnada intuiu-a, em nosso favor. Devolveu, então, os documentos a Marcelo e disse-lhe, para nossa tranqüilidade:

– Tudo certo. Deve ser importante esta pesquisa para o senhor, por isso vou permitir. Pedirei a uma secretária que lhe mostre o caminho.

Marcelo acompanhou uma jovem. Atravessaram o hospital e, chegando aos fundos, entraram num corredor grande com algumas salas fechadas. A secretária abriu a última, acendeu a luz e explicou:

– É aqui, senhor. Por favor, não bagunce mais do que já está.

Os papéis são empacotados pelo ano, por isso procure a data marcada na etiqueta, abra o pacote e achará o que necessita. Depois, guarde-a como achou, certo? O senhor está com sorte, pois a Irmã Superiora não deixa estranhos entrarem aqui. A maioria desses papéis vão logo para o fogo, porque iremos precisar desta sala e não temos onde guardá-los. Agora vou deixá-lo e, por favor, não vá a outras salas. Quando acabar, dirija-se à recepção.

A funcionária saiu e Marcelo ficou só, na sala fechada, que tinha o ar abafado e cheirava pó.

"É melhor procurar logo" – resmungou.

Tirando volumes, uns de cima dos outros, encontrou o ano que procurava. Abriu o pacote e os papéis estavam mais ou menos em ordem de datas. Separando-os cuidadosamente, encontrou a ficha que era tão importante para todos nós.

Marcelo leu emocionado:

"Antônia S.C. morreu de parto. / Atendida pelo médico... / A menina órfã, branca, sadia, foi entregue pela Irmã Maria J.O. para o casal residente nesta cidade: Sr. e Sra...."

Marcelo leu várias vezes. O nome de Antônia, a mãe de Caio, ali estava e nada deixava dúvidas. Data certa, nomes dos sogros, a Irmã Maria. Sentou-se e chorou. Acalmei-o e confortei-o:

"Marcelo seja forte! Acharão um modo de separá-los sem causar muitos problemas. São jovens e esquecerão facilmente."

"Será um escândalo!" – responde-me em pensamento. – "Como agüentar os falatórios?"

"Marcelo, pense em como resolver o problema, sem que o assunto venha a público."

Marcelo leu mais uma vez a ficha e cuidadosamente pôs tudo no lugar. Apagou a luz, fechou a sala e foi para a recepção. Ao entregar a chave, a moça que o conduziu perguntou-lhe, alegre:

– Achou o que queria, senhor?

– Sim, e gostaria de agradecer à Irmã.

Foi conduzido novamente à sala em que estivera antes. A secretária pediu que aguardasse, pois a Irmã estava ocupada, mas viria em seguida.

Marcelo, enquanto aguardava, preencheu um cheque com uma quantia razoável. A Irmã demorou e, ao chegar, pediu desculpas.

– Temos muito trabalho, pois o hospital está lotado.

– Irmã, agradeço de coração por ter consentido que pesquisasse os arquivos. Se me permite, quero deixar meu donativo aos seus pobres, que devem ser muitos.

– Agradeço-lhe, porque de fato são muitos os necessitados. Nosso hospital, como tantos outros, atravessa uma crise financeira e necessitamos de tudo, aqui. Porém, sinto-o triste, Sr. Marcelo, o que encontrou é desagradável?

– Infelizmente, sim. Ore por mim, Irmã, porque o que tenho a fazer não será fácil.

Despediu-se da Irmã, saiu do hospital e sentou-se no banco de um jardim, na frente do prédio. Eram dezessete horas. Marcelo estava desanimado e triste, por isso resolveu pernoitar na cidade e ir embora só no dia seguinte.

Vendo minha amiga Antônia preocupada, animei-a.

– Antônia, o mais difícil conseguimos. Descobriram o ocorrido. O resto será mais simples.

– Porém, não é fácil. Como se sentirão meus filhos? Sofrerão? Ao errarmos, não pensamos que os erros nos acompanhem e que, um dia, enfrentaremos seus frutos.

– Marcelo e Paulo são pessoas responsáveis e, com nossa ajuda, acharão um modo mais fácil de enfrentar a situação.

Marcelo foi para o hotel, trancou-se em seu quarto e ficou a pensar, tentando achar uma maneira de resolver a situação e de evitar maiores sofrimentos.

No dia seguinte, partiu cedo e fez uma viagem calma. Ao chegar, foi para casa e deixou para o outro dia sua conversa com Paulo. Tentou aparentar calma e não deixar que percebessem, em casa, sua preocupação. No outro dia, em vez de ir para seu escritório, rumou para o do amigo, chegando junto com ele. Paulo, logo que o viu, teve a certeza de que Marcelo não trazia boa notícia.

Após se cumprimentarem, foram para a sala de Paulo, que recomendou para não os perturbarem.

– Tudo confirmado! Tudo! São irmãos! – falou Marcelo em desabafo e contou tudo em detalhes ao amigo.

– Que coisa, meu Deus! Como é possível dois irmãos virem a namorar?

– Os garotos não sabem, nem desconfiam que são adotivos! Entretanto, Paulo, quanto mais penso mais me convenço de que foi Deus que me fez vir aqui e contar tudo a você. E o fiz praticamente sem querer, porque julgava nunca ter de dizer isso a ninguém. Tenho até arrepios, quando penso se não tivesse contado... Bem, agora temos a confirmação e só nós dois sabemos.

– Temos que pensar em separá-los e já.

– Poderíamos, nós dois, fingir que brigamos e exigir que os dois se separem, e assim faríamos com que nos obedecessem.

– Acha mesmo que daria certo? Há tempos que torcemos pelo namoro, com todos sabendo que fazemos gosto, alegramo-nos com a possível união e, de repente, ficamos contra! Depois, conheço os jovens, não iriam nos obedecer e só faríamos piorar a situação, pois namorariam escondidos. E as nossas esposas? Certamente se aliariam a eles contra nós. Depois, Marcelo, somos amigos há tanto tempo... Como explicar uma briga entre nós? Por que deveríamos privar-nos de nossa amizade, agora mais fortalecida?

– Tem razão Paulo, a idéia é ruim. Não devemos fugir da verdade. Não se resolve um problema criando outros. Só a verdade trará compreensão a uma separação assim.

– Contar tudo? Seria um escândalo!

– E como seria!... Por meses, a sociedade comentaria o fato com maldade. Helena e Ofélia seriam as que mais sofreriam, por serem tão sensíveis... E minha Cidinha, tão frágil e mimada, tão orgulhosa dos pais, que faria? Tenho medo. Pensei muito, Paulo, acho que nestas últimas horas é só o que tenho feito. Não podemos expor nossos segredos familiares ao público. Mesmo contando só para a família, são muitas as pessoas sabendo e pode acabar se espalhando. Vivemos tão bem, você com seus pequenos problemas, tem a família que o respeita e admira. Helena e eu nos amamos e tudo o que temos é Cidinha. Como reagirá a inocentinha diante dos comentários? É adotiva! Namorou o próprio irmão! Não, Paulo, não podemos arriscar.

– Não exagere, Marcelo? O assunto pode ficar só na família.

– Como ter certeza? Acredito que, se Cidinha souber disso, irá chorar muito e, conhecendo-a como a conheço, irá contar às amigas. Helena não me perdoaria por ter contado nosso segredo.

E pensemos também em Ofélia! Como reagirá quando souber que foi enganada e que Caio não foi abandonado, mas é fruto de uma traição? Continuaria amando-o como filho? Ela já sofreu tanto... Devemos pensar também em Sérgio e Carla, são dois adolescentes, que sofreram muito vendo a mãe sofrer. E como reagiriam eles com relação a você? Seria ainda o pai de que tanto se orgulham?

– Por favor, Marcelo, pare! Que sugere?

– Contar somente ao Caio.

– Quê?!

– Sim, Paulo, Caio é moço responsável, bom e equilibrado. Amo-o muito e quero-o como meu filho, sabe disso. Se contarmos a ele, ou melhor, se você contar a ele, tenho a certeza que guardará segredo, terminará o namoro com Cidinha e pronto.

– Será o sacrificado.

– Dos males, o menor, pois, em vez de todos sofrerem, só ele passará por momentos difíceis. Depois, ele é seu filho, não é como Cidinha que nada tem de nós. Caio é maduro e entenderá!

– Sofrerá! Marcelo, meu menino sofrerá.

– Você poderá agradá-lo, com viagens, carros, ou algo que ele deseje. Caio é um bom moço e compreenderá. Que prefere, Paulo, ele ou todos, inclusive ele?

– Você tem razão. Separá-los, não conseguiremos. Mentir não é solução. Que mentira aceitariam? E, também, não se esconde a verdade por muito tempo. Contar a um deles é o mais acertado, mas revelar a Cidinha é como contar a todos. E também, Marcelo, não posso nem pensar em dar mais sofrimentos à Ofélia, inocente, naquela cadeira de rodas. Resta-nos Caio...

Fale com ele hoje mesmo. Não adie, pois perderia a coragem. Força, amigo, faça o que tem que ser feito.

– Farei, Marcelo. Decisão tomada tem que ser executada. Falarei com ele hoje à tarde.

Despediram-se, Marcelo saiu e Paulo ficou triste. Nunca sentira tanto remorso. Pensar que, por seu erro, Caio, o seu menino, sofreria! Porém, como reagiria? E se ficasse revoltado? E se passasse a não gostasse mais dele?

"Meu Deus, ajude-me!" – exclamou alto.

E com sinceridade pôs-se a orar.

Não foi almoçar e esperou o filho com ansiedade. Caio chegou logo depois das treze horas e, recebendo o recado de que o pai queria vê-lo, rumou para a sala dele.

– Oi, papai, tudo bem?

– Entre filho e feche a porta. Tranque-a, por favor.

– Algum problema?

– Escute-me...

Paulo resolvera não fazer rodeios para contar, pois não queria perder a coragem. Antes, deu ordens para não serem incomodados. Olhou para Caio, que estava tranqüilo, pronto para ouvi-lo, como sempre, e sentou-se à sua frente.

– Marcelo esteve aqui na segunda-feira e contou-me um segredo e autorizou-me a contá-lo a você. Quero, filho, que guarde sigilo do que vai ouvir.

Caio concordou com a cabeça, pois jamais vira o pai tão sério, e esse fato fez com que prestasse mais atenção nele, sentindo que o assunto era realmente importante. Paulo contou primeiramente a parte mais fácil, ou seja, tudo o que Marcelo lhe contara.

– Coitadinha da Cidinha! – comentou Caio –, ela não pode saber disso, porque sofreria muito. Mas isso não faz diferença, não sei por que o Sr. Marcelo contou-lhe esse fato.

– Se fosse com você, Caio, sofreria?

– Eu?! – Caio observou o pai, estava nervoso, transpirava e estava pálido. Estranhou a pergunta, mas conhecendo o pai, entendeu que a indagação não fora em vão. E perguntou em voz baixa: – Por quê?

– Perdoe-me, filho, sou um miserável, um bandido. Somente eu deveria sofrer, só eu! O segredo não termina aí. Tenho o meu também.

Caio não ousou falar, apenas arregalou os olhos e fixou-os no pai. Paulo ia parar a narrativa, porém demos-lhe forças e continuou. Contou desde a época em que namorava Ofélia, da oposição dos pais, de seu envolvimento com Antônia, do nascimento dele, da descoberta do amigo Marcelo. Falou sem parar, sem interromper e finalizou:

– Você compreende, filho? São irmãos! Você e Cidinha são irmãos. Caio! Filho! Por favor, fale comigo!

Caio nada disse. Ficou parado olhando o pai e, em sua mente, martelavam as palavras do pai: "São irmãos!". Sentiu vontade de chorar, mas as lágrimas não vinham. Paulo, preocupado, sacudiu-o pelo braço.

– Caio, filho, por favor! Xingue-me, que eu mereço, mas não fique assim. Meu Deus! Caio!

– Por que conosco? – indagou. As lágrimas, então, rolaram-lhe pela face, e aí encostou a cabeça nos ombros do pai, que amorosamente o abraçou.

Paulo pensou: "Marcelo tem razão, Caio é especial."

– Amo você, filho, perdoe-me. Quem poderá dizer-nos o porquê disso tudo? Não sei responder. Este sofrimento passará, Caio, e você o esquecerá. Olhe – disse-lhe, demonstrando alegria –, você fará uma viagem pela Europa, África, Oriente, quer? Distrairá e tudo isso logo será só a sombra de um pedaço difícil. Nada deve fazer diferença. Você é nosso, é meu. Somos, Ofélia e eu, seus pais.

– Tudo bem, papai, estou bem – disse, enxugando o rosto e levantando-se. – Dispensa-me do trabalho ?

– Tudo o que você quiser! Meu filho, seria conveniente não falar nada a ninguém, não é? Escolhemos você para contar, porque nos inspira confiança. Se todos vierem a saber, será um escândalo, todos sofreriam e, como você disse, Cidinha nunca deverá saber. Sinto-me mal porque você sofre, enquanto só eu deveria sofrer.

– O senhor não é tão culpado assim. Não se amargure. Estou bem. Não posso dizer-lhe que estou feliz, mas passará. Também, papai, não direi nada a ninguém. Tem minha palavra.

– Obrigado.

Caio abriu a porta.

– Onde vai filho?

– Pensar por aí, andar um pouco. Não se preocupe.

– Caio, amo você.

– Eu sei.

Caio saiu e Paulo acompanhou-o pelo vitrô. Viu o filho chegar ao pátio, andando lento, de cabeça baixa, pegar o carro e sair.

"Meu Deus, ajude meu menino. Será que fiz bem em deixá-lo sair sozinho? Caio está sofrendo. Preferiria que tivesse xingado, gritado, pois eu merecia. Coitado, sofre e quer ficar sozinho."

Deixamos Paulo e acompanhamos Caio. Antônia estava quieta, fortalecendo-se em oração. As palavras de Paulo faziam eco em seus pensamentos: – "Nossos erros nos acompanham e, um dia, sofremos por eles." Caio não era seu, não tinha direito sobre ele, mas o amava, embora tardiamente, e vê-lo sofrer era seu maior castigo.

Caio dirigiu com cuidado e afastou-se do escritório. Ao passar por uma praia, parou o carro e desceu, sentando-se num banco do calçadão. Embora fosse sexta-feira à tarde, havia pouco movimento. O tempo estava nublado e ventava. Caio olhou o mar e as ondas agitavam-se, dando um espetáculo de força e beleza.

Começou a pensar em tudo o que o pai lhe dissera.

– Caio sofre, Antônio Carlos – disse-me Antônia.

– A flor cai para o fruto aparecer e ser útil, minha amiga. O sofrimento amadurece-nos, fazendo cair muitas vezes a flor da ilusão, para dar lugar ao fruto que realmente necessitamos. Caio é valente. Sofre, mas não está revoltado, não teve nenhum pensamento de indignação.

– Sofre, mas está tranqüilo...

– Perdoar e não querer mal a ninguém dá tranqüilidade, Antônia. O perdão é harmonia, paz e tranqüilidade.

– Ele nem perguntou por mim... não pensa em mim.

– Antônia, não exija o que não deu. Vamos confortá-lo somente!

8

Caio

Procurei acalmá-lo e Caio ficou a pensar na história de Cidinha, no seu nascimento, na incrível coincidência de se encontrarem e namorarem. Lembrou de seu sonho em que achara tanta graça.

"Talvez fosse um aviso!" – suspirou.

"Caio, em momentos difíceis, ore..." – disse-lhe, envolvendo-o em bons fluidos.

Pôs-se, então, a orar e a pensar, mas seus sentimentos bons e a aceitação dos acontecimentos eram, naquele momento, a mais linda oração que poderia fazer. Suas energias foram revigoradas e sentiu-se bem.

Deixei-o com Antônia e fui à procura de um encarnado, ou encarnados, que pudessem ajudá-lo.

Encontrei logo.

Caio, envolvido em seus pensamentos, estava distraído e assustou-se ao escutar ser chamado:

– Caio, ei Caio! Não está dormindo, está?

Caio levantou a cabeça e viu Luísa, uma colega de Faculdade, acompanhada de duas jovens e dois rapazes, colegas também de classe.

– Caio, tudo bem? – indagou um dos rapazes.

– Sim, claro. E vocês, como estão?

– Esta é Andrea, minha irmã, e esta é Adriana, nossa amiga.

– Prazer – respondeu Caio, sem entusiasmo.

O grupo alegre sentou-se ao seu lado.

– Caio – disse Luísa –, será que poderia nos ajudar? Temos um compromisso, Jorge ia levar-nos, mas o carro dele enguiçou e, por isso, viemos apanhar o ônibus, porém o perdemos e o próximo nos fará chegar atrasados.

– Quebra nosso galho, Caio, leva-nos em seu carro – pediu Jorge.

– Levo-os, não estou fazendo nada.

– Ei, cara, não trabalha? – indagou Márcio.

– Estou de folga.

– Sentado aqui?!

Caio, não respondeu à indagação de Márcio, mas fez outra:

– Levo-os para onde?

– Vamos assistir a uma reunião legal. Um senhor espírita vai ao nosso Centro, o centro espírita que freqüentamos, fazer uma palestra. Ele faz curas sensacionais e não quero perder. Agradecemos, Caio. Vamos? – disse Márcio, eufórico.

Entraram todos no carro e informaram o endereço. Antônia e eu os acompanhamos e ficamos alegres, pois uma reunião espírita iria fazer muito bem a Caio e foi fácil intuí-los, convidando-o a ir também.

– Caio, conhece o Espiritismo? Não? Legal, cara, mudou minha vida, pois estava acabando no vício e hoje sou outro – falou Márcio que sempre conta a história a todos.

– Somos da Mocidade Espírita, somos espíritas – disse-lhe Luísa. – Caio, quer assistir à palestra conosco? Orar faz bem, sinto-o triste.

Caio não respondeu de imediato, e a turma conversava e ria muito, talvez porque estivessem apertados no carro e isto parecia aumentar o entusiasmo. Caio sentiu-se bem entre eles e lembrou que orar sempre lhe fazia bem. Talvez fosse o que necessitava no momento. Conhecia Luísa e os rapazes há algum tempo e, embora não fossem seus amigos, gostava deles. E Luísa era muito agradável e querida pela turma da classe, porque tinha sempre uma palavra amiga para todos. Estava sempre rodeada de pessoas e era muito respeitada.

– Vamos, Caio – disse Jorge –, talvez não tenha sido por acaso que perdemos o ônibus e o encontramos. Venha conosco.

– Vou – afirmou lacônico Caio.

Não demoraram para chegar ao local. Caio estacionou o carro e desceram.

Por estar já no horário marcado para iniciar, entraram logo. O prédio simples, pintado de azul-celeste, não era grande, porém bem diferente dos lugares de oração que conhecia. Luísa chegou perto dele e disse:

– Caio, senta aqui, não precisa fazer nada, ore e peça a Jesus, em pensamento, o que necessita. Vamos tomar nossos lugares.

Caio sentou-se bem atrás e observou: os bancos eram de madeira tosca, na frente viu uma mesa grande coberta com toalha branca, e as paredes nuas. Havia no local umas cinqüenta pessoas espalhadas pelos bancos, na maioria pobres, aguardando pacientes o início. Reinava silêncio no local e as pessoas pareciam estar rezando. Caio aguardou curioso.

Antônia e eu fomos acolhidos gentilmente pelos trabalhadores desencarnados da casa. Por ser um trabalho de curas, encontrava-se ali uma grande equipe de médicos e enfermeiros para o socorro ao corpo físico doente.

Expliquei a um dos orientadores que estávamos acompanhando Caio, porque acabara de saber que era filho adotivo e estava triste e confuso.

– Já escolheram a página evangélica de hoje? – indaguei.

– Certamente, porém não é obrigatória, podemos trocar se for de melhor proveito.

– Poderiam, por favor, fazer com que o orientador lesse o capítulo XIV de *O Evangelho Segundo o Espiritismo*: "Honra a teu pai e a tua mãe"? O parágrafo: "Quem é minha mãe e quem são meus irmãos?" E que abrangesse a explicação do parentesco corporal e espiritual. Seria possível?

– Atenderemos com gosto.

Com simplicidade, foi feita a oração de abertura e a oração do Pai-Nosso. Caio se emocionou, pois orava sempre, mas nunca vira alguém ou um grupo dizer com tanta firmeza e convicção a oração que Jesus ensinou.

O dirigente espiritual que nos atendeu, acercou-se do palestrador e, num intercâmbio perfeito, iniciaram os comentários.

Ismael, o encarnado, levantou-se para a leitura que já estava marcada e preparada. Mas o desencarnado pediu-lhe:

"Leia aqui, é necessário."

Ismael, com a simplicidade de quem confia, leu o que fora indicado.

Caio prestou muita atenção e percebeu que o livro que liam, era uma explicação do Evangelho. Sentiu-se fascinado pelo orador, que lia com amor, e sua voz harmoniosa ressoava no silêncio da sala. Recordou ter lido ou ouvido aquele texto, porém nunca conseguira entender a passagem do Evangelho, em que Jesus fora procurado por sua mãe e seus irmãos, numa ocasião em que se achava cercado de muita gente. Lembrou, também, de sua estranha resposta: "Quem é minha mãe? Quem são meus irmãos? Todo aquele que fizer a vontade de Deus é meu irmão e minha mãe."

À medida que era lida, a explicação vinha ao raciocínio de Caio, que esquecera todos seus problemas. Encantou-se com aquele senhor simples, de olhar meigo e bondoso.

Ismael fechou e Evangelho e, com a mesma simplicidade, falou sobre o texto lido.

– Laços de sangue duram até que o corpo físico morra, por isso são frágeis como a matéria que nos reveste. Laços espirituais é que são os verdadeiros, quando amamos pelo espírito e os sentimentos não acabam, mas se perpetuam na vida espiritual. Às vezes não encontramos receptividade entre os parentes físicos, mas, sim, entre os que aspiram conosco aos mesmos objetivos e pensamentos. É quando nossa Alma se abre e passamos a ser irmãos muito queridos. Jesus, incompreendido por muitos dos seus parentes carnais, achou sua família espiritual entre aqueles que o acompanhavam. Amava os seus, amava sua mãe e irmãos, e também os que não se uniram a ele na trajetória física. Foi e será sempre sua família espiritual a que permanece com ele através dos séculos. São aqueles que se unem para servir e amar o Pai. Jesus deu mais importância ao amor espiritual. Crucificado, prestes a expirar, disse: "Mulher, eis aí teu filho, João! João, eis aí tua mãe!" Ele deixou aquele que muito amava a cuidar de sua mãe. E João não era parente consangüíneo, mas espiritual.

Quantos de nós achamos carinho e amor entre pessoas que não são parentes carnais, mas que pertencem à nossa família espiritual. É uma adoção! Sim, adotamos pessoas, com base no amor e simpatia. Quantas maravilhas há nesse aspecto do amor. Se assim fazemos, escolhemos por afinidade. Para mim, a mais linda adoção é receber filhos alheios como nossos, receber um filho pelo amor.

Caio suava e lágrimas vieram espontâneas sem que conseguisse contê-las. Enxugou-as, olhando para os lados, mas ninguém o observava, porque todos estavam atentos no orador, que continuou:

– Adotar é tomar para si, como seu. Que grande Amor leva a isso! E, quantas vezes, nessas adoções, há reencontros de parentes espirituais. Filhos adotados são escolhidos a se unirem pelo carinho e tornam-se verdadeiros pelo espírito. Que deve ser mais importante para nós? A união pela carne ou pelo espírito? Se acreditamos na Vida Eterna, é claro que espiritualmente! Laços de sangue são passageiros e muitas pessoas egoístas, os pais principalmente, não admitem que seus filhos possam ter sido filhos de outras pessoas, em outras existências. Eles mesmos já não tiveram outros pais? Outros filhos? Amam como se não fossem encontrar-se mais, como se vivessem uma só existência. Muitos afetos tivemos, possuímos, entretanto os que egoisticamente ficam só nos laços de sangue, desfazem-se. Os que se amam espiritualmente, reencontram-se, fortalecendo-se. E que nos importa se estes encontros são como filhos, pais, esposos ou amigos?

Pais não são apenas os que dão a vida física, mas os que criam, educam, amam e acompanham seus filhos na alegria e no sofrimento, seja na vida física ou até mesmo após a desencarnação.

Muitos pais não criaram seus filhos. Motivos? Que nos importam? Seja porque desencarnaram, ou mesmo porque não o quiseram, e não cabe a nós julgá-los. Outros, porém, com amor, os escolheram como filhos. E os adotados? O rumo de suas vidas não mudou? Como estariam, se não fosse a adoção? Em orfanatos? Abandonados?

Devemos gratidão a nossos pais. Um dos mandamentos nos

ordena "Honrar pai e mãe". Felizes os que assim procedem, pois gratidão maior devemos ter por aqueles que nos criaram como pais verdadeiros e, assim, devemos amá-los. Precisamos amar sempre, porque o Cosmo está baseado no Amor. O Pai Misericordioso é Amor. E Jesus tantos exemplos nos deu sobre esse sentimento tão lindo.

Se, através das reencarnações, encontramo-nos sempre com afetos espirituais, não poderemos, ao adotar ou ser adotado, estar reencontrando esses afetos queridos?

Vocês, meus irmãos, amam seus pais? Escolheriam outras pessoas para terem a missão de guiá-los, quando inexperientes para a vida? Não? Então, tenham por eles amor e respeito, porque eles se constituem os escolhidos, que, além de laços de sangue, são unidos pelos laços verdadeiros, os espirituais!

Devemos sempre aumentar e fortalecer nossa família espiritual, porque é bom estarmos entre os que amamos e por quem somos amados. A carne passa, porém o Espírito é eterno; e crescer espiritualmente é o que deve nos importar. Amemos para que possamos ser, dentro do Espiritismo, uma só família: a família de Jesus!

Dando algumas explicações sobre os trabalhos da tarde, o palestrante finalizou a primeira parte da reunião, com uma expressão significativa: "Que Jesus soja louvado!"

Ismael, então, entrou com outras pessoas numa sala ao lado. Os assistentes formaram uma fila e Luísa veio até Caio, explicando baixinho:

– Caio, essas pessoas vão tomar passes. Sabe o que é passe? É uma transfusão de energias físicas e espirituais. Lá, eles oram e pedem ao Pai-Maior pelos outros. Seguindo exemplos de Jesus, que curava impondo as mãos e orando, assim procedem. Embora sejamos todos necessitados, há os que sabem, podem e ajudam, para que possamos ser todos beneficiados. Não quer conhecer? E receber um passe?

– Quero!

– Que bom! Sentir-se-á muito bem e verá como é simples. Também, Caio, temos carona para voltar e não precisa nos esperar, por isso se quiser pode ir embora após ter recebido o passe.

– Demora para acabar?

– Não é demorado. Após os passes o Sr. Ismael, o orador, atenderá os doentes.

Caio levantou-se e ficou na fila e logo chegou sua vez. Entrou na sala curioso e espantou-se por não ver nada de exótico, pois havia nela só algumas cadeiras. Sentou-se e observou tudo: o Sr. Ismael e os outros médiuns estavam de pé diante das pessoas sentadas e impunham as mãos sobre suas cabeças por minutos e pronto, levantavam-se e saíam.

Caio sentiu-se bem e tranqüilo e teve vontade de ficar ali, pensando naquele recanto de paz. Chegou perto de Luísa, que organizava a fila, e pediu:

– Lu, posso ficar também? Sento e espero por vocês.

– Pode, Caio – respondeu sorrindo.

Caio sentou-se no mesmo lugar em que estivera minutos atrás, sentindo que seu enorme problema de horas antes parecia estar se solucionando. Cheguei perto dele e ajudei-o a pensar. Então, o filho de Antônia recebeu meus pensamentos, aceitando-os.

"Caio, nada deve mudar" – disse-lhe –, "tudo estava bem antes de você saber e deve continuar assim. Você tem uma família, ama-os e é amado."

"De fato" – pensou Caio em resposta ao meu apelo –, "papai ama-me, é meu pai pela carne e pelo Amor; mamãe Ofélia é minha mãe, porque fui seu escolhido. Ama-me muito e nunca fez diferença entre nós... ama-nos igualmente. Mesmo se não me amasse como a Sérgio e Carla, saberia compreendê-la. Amo-os e damo-nos bem, pois somos parentes espirituais. Sinto-me filho dela e sei que ela se sente como minha mãe, adotamo-nos, isso é o que importa. Devo, sim, maior carinho e atenção à mulher extraordinária que é Ofélia. Nunca pensei em ter outros pais e não escolheria de outra forma. O Sr. Ismael e o Evangelho têm razão. O sentimento é do Espírito e este é Eterno. E, também, o Sr. Marcelo e papai confiaram em mim, por isso não direi nada a ninguém e tudo farei para que ninguém mais sofra por este motivo. Pensando bem, nem eu devo sofrer, pois tive muita sorte de ter pai, mãe e irmãos, de amar minha família e ser amado. E de ter Ofélia por mãe, amo-a tanto, que não quero outra mãe."

Acabou sorrindo e olhou rápido à sua volta, mas ninguém o observava. Sentindo-se bem com a decisão tomada, passou a observar distraído as pessoas. Entretanto, tudo para Caio deveria ficar como antes.

No final da reunião, fez-se uma oração de agradecimento e Caio, comovido, orou em pensamento: "Deus, agradeço por ter vindo aqui, pois pensei estar prestando favor a amigos, mas recebi um bem muito maior. Obrigado!"

Ao saírem todos, Caio procurou os amigos e reuniram-se na porta.

– Caio – disse Luísa –, este é André, irmão de Adriana. Está de carro e nos levará de volta. Planejamos ir a um barzinho para bater papo. Vem conosco?

– Oi! – disse André –, a turma é grande e poderemos repartir em dois carros. Topa?

– Sim – respondeu Caio, gostando dos novos amigos. – Sugiro irmos ao bar X. Que tal?

O grupo silenciou e Luísa espontânea esclareceu:

– Caio, somos pobres e esse bar é para ricos!

– E se eu pagar tudo?

– Quê? A despesa de todos ficará alta – falou Andrea.

– Convido-os, Lu, posso pagar, pois hoje estou com dinheiro e será um prazer levá-los. Vamos?

A turma discutiu alguns minutos e aceitou. Logo estavam acomodados no bar; eram alegres e sua alegria contagiou Caio. Pediram simples refrigerantes e dava para perceber que não queriam abusar de seu convite. Caio era ali conhecido até pelos garçons. Ele e sua turma de amigos, e mesmo Cidinha, freqüentavam amiúde aquele local.

Caio sentou-se perto de Luísa e aproveitou para indagar sobre os acontecimentos da tarde... sobre o Espiritismo.

– Luísa, o Espiritismo é cristão? Pergunto isso porque crêem na reencarnação e, pelo que sei, religiões orientais também crêem.

– É cristão, sim. Deve ter percebido que leram o Evangelho e oramos o Pai-Nosso. Temos Jesus como nosso maior Mestre

– O Evangelho de vocês é diferente?

– Não, o Evangelho que escutou chama-se *O Evangelho Segundo o Espiritismo* e, nele, há explicações do ensinamento de Jesus, transmitidas por Espíritos estudiosos e superiores.

– Incomodo-a com essas perguntas?

– Pergunte o que quiser e, se souber, respondo.

– Luísa, encantei-me com a explicação sobre a família espiritual, pois nunca entendera antes essa passagem do Evangelho.

– Caio, o Espiritismo é ciência, filosofia e religião. Allan Kardec, seu codificador, disse e muito bem: “Fé inabalável é aquela que pode encarar a Razão face a face em todas as épocas da Humanidade”. Amo minha religião porque a entendo, porque ela me oferece explicações de tudo o que anseio saber, fazendo-me compreender a vida.

– Explicações de tudo mesmo?

– Tudo. E tem mais: aceito-as como verdadeiras, pelo raciocínio. É terrível ter de acreditar sem entender!

– Oi, Caio!

– Olá, Caio!

Duas garotas passaram rentes à mesa, cumprimentando-o alto. Caio respondeu e viu que eram amigas de Cidinha. Aí lembrou-se dela e que esquecera o encontro marcado, pois deveria estar lá às vinte horas, mas passava das vinte e duas horas!

“Melhor” – pensou Caio –, “aí está uma boa oportunidade para uma briga. Não me agradaria namorá-la nem mais um dia.”

Ajeitou-se mais perto de Luísa, com a certeza de que, não demoraria nada, e Cidinha saberia do fato. Participou da conversa da turma sobre assuntos corriqueiros entre jovens, porém eles não podiam demorar mais, tinham horário para chegar em casa. Resolveram, então, ir embora e, depois de Caio ter pago a conta, despediram-se e saíram. Voltariam todos com André. E já estavam na calçada, quando Caio perguntou:

– Luísa, vocês vão sempre ao centro espírita?

– Todos os domingos, reunimo-nos, os jovens, às dez horas da manhã. Convido-o.

– Posso ir mesmo?

– Esperamos você antes das dez horas, na porta. Será grande prazer se vier. Tchau, Caio, obrigado!

Caio entrou no carro, deu umas voltas por perto e depois foi para casa. Parecia que era outra pessoa e sentia-se responsável, adulto.

– Antônio Carlos, que pessoa boa é Caio, que filho maravilhoso abandonei – disse Antônia.

– Caio é realmente bom. Vamos continuar ajudando-o. Dará tudo certo.

– Já não sofre tanto. Como foi bom ter ido ao centro espírita!

Caio chegou em casa.

9

O Encontro de Jovens

Já em casa, Caio estranhou, ao entrar na sala, encontrar a mãe à sua espera.

– Caio, onde esteve? Estou preocupada com você, filho! Cidinha telefonou várias vezes, dizendo que tinham um encontro e que você não foi.

– Encontrei uns colegas da escola e fomos a um barzinho conversar. Se soubesse que ficaria preocupada, teria telefonado avisando.

– Ainda bem! Agora fico tranqüila. Preocupo-me muito com vocês todos e resolvi esperá-lo, pois não conseguiria dormir sem saber onde esteve. Queria vê-lo em casa. Caio, Cidinha também está preocupada, telefone para ela, para tranqüilizá-la.

Caio pensou por uns instantes e achou melhor dar notícias, porque, conhecendo Cidinha, supôs que já deveria estar pensando em acidente ou assalto. Pegou o telefone e discou. Cidinha atendeu, aflita, e Caio secamente disse que chegara e estava bem.

– Se quiser explicações, darei amanhã.

Finalizou sem sequer se despedir e desligou. Ofélia, que observava o filho, indagou preocupada:

– Que há, Caio? Tratou Cidinha com dureza!

Caio sentou-se numa almofada ao lado da cadeira da mãe, deitou a cabeça em seu colo, e ela passou as mãos sobre seus cabelos.

– Que acontece, Caio? Conta-me, filho.

– Mamãe, necessito da senhora, de seu conselho, pois tenho

pensado bastante e descobri que não amo Cidinha, estou mesmo farto dela e quero terminar o namoro.

– Você tem certeza? Pensou bem? – e, com a afirmativa de cabeça do filho, Ofélia continuou: – Meu filho, para que uma união dê certo, é necessário ter amor, e esse casamento seria do gosto de todos, mas deve primeiramente ser do gosto de vocês. Gosto de Cidinha, pensei ser a moça certa para você, mas se acha que não é, concordo, deve terminar o namoro. Falarei com seu pai e farei com que entenda. É pena, pois Marcelo e Paulo já davam como certo esse casamento.

– Obrigado, mamãe, sabia que podia contar com sua compreensão. Adoro a senhora. Sabia?

– Sei, filho, sinto seu afeto e amo-o muito também.

– Acho-a tão linda. É a maior, a melhor mãe do mundo!

Beijou as mãos da mãe e pensou:

"Se Ofélia não é minha mãe pelo sangue, é pelo Amor. Não conseguiria amar ninguém mais do que a ela."

Paulo estava também preocupado com o filho, porém, não querendo demonstrar sua aflição à esposa, ficou acordado no quarto, aguardando o retorno dele. Ao escutar barulho, cuidadosamente ficou escutando a conversa da esposa com o filho na sala ao lado.

"Caio, que filho maravilhoso é você!"

Emocionado, esbarrou na mesa, fazendo barulho, e então entrou na sala.

– Caio, já voltou? Filho, está bem? Onde esteve? Deixou-nos preocupados.

– Estou bem, papai, estive com colegas da escola, ficamos conversando e esqueci de avisar. Mamãe já me desculpou.

– É melhor dormirmos agora. Vem deitar Ofélia, que já é tarde.

Caio beijou o rosto da mãe, sorriu para o pai e foi para o quarto.

– Paulo – disse Ofélia –, Caio é tão bom, não é mesmo? É o mais amoroso de nossos filhos.

– É verdade, Ofélia, Caio é bom moço.

– Paulo, se Caio lhe desse um desgosto?

– Desgosto?! – indagou preocupado.

– Talvez não fosse um desgosto...

– Fale logo, Ofélia. Que tem o menino?

– É que Caio quer terminar o namoro com Cidinha.

– Só isso? Que susto!

– Pensei que ia achar ruim.

– Você falou em desgosto e nem sei o que pensei. Ele disse o porquê?

– Disse-me que não a ama... enjoou do namoro.

– É um bom motivo. Caio sabe o que faz.

– Pensei que ia ficar nervoso. Queria tanto que se casassem!...

– Ofélia, amo meus filhos. Prometi a mim mesmo, desde o tempo em que meus pais interferiram em nosso casamento, que não iria forçar a decisão dos meus filhos em suas escolhas. Pela vontade de meus pais, não teria me casado com você, entretanto nosso casamento deu certo. Amamo-nos, Ofélia, e não poderia ter escolhido ninguém melhor para esposa, você é maravilhosa e somos felizes. Cidinha seria a nora ideal e gosto dela, mas de que adianta? É Caio quem tem de amá-la, porque é ele que vai casar com ela. Se você está intercedendo por ele, diga-lhe que está tudo bem, que entendo.

– Se Marcelo e Helena acharem ruim?

– Ora, Ofélia, por que iriam achar ruim? Melhor agora que depois de casados...

– Isto é! Mas não entendi Caio, pois parecia apaixonado e, de repente, enjoa.

– Eu já tinha notado que Caio forçava o namoro.

– Notou? Eu não! Acho que ando distraída. Você não vai mesmo brigar com nosso filho?

– Não, Ofélia, Caio é um homem e sabe o que quer.

– Que bom você ter entendido!

– Você não compreendeu?

Ofélia sorriu, estranhando um pouco a atitude do esposo, mas deu graças a Deus por sua atitude e, despreocupada, dormiu logo.

Caio, cansado com os muitos acontecimentos, impregnado de bons fluidos, adormeceu assim que se deitou.

No outro dia, sábado, Caio passou o tempo todo aflito, porque ansiava por chegar a noite para terminar o namoro, que agora lhe parecia um sacrilégio. Cidinha ansiava pelas explicações do namorado, pois logo cedo as amigas lhe contaram que o viram no bar em companhia de desconhecidos.

No horário costumeiro, Caio foi até a casa de Cidinha e ela esperava-o carrancuda.

– Muito bem, Caio, ontem não veio encontrar-se comigo, mas foi ao bar com uma turma de desconhecidos e estava todo atencioso com uma das meninas. Que explicação me dá?

– Nenhuma, esqueci-me do nosso encontro.

– Que?! Esqueceu?! Quem é a garota?

– Colega de Faculdade.

– Só colega?

– Linda moça, educada e simples.

– Caio, fale a verdade, quem é ela?

– Luísa.

– Quero saber quem é ela para você? Namorada?

– Gosto dela.

– Oh!

Cidinha era orgulhosa, acostumada a ter as vontades realizadas, mesmo por parte de Caio, que sempre a mimava e, por isso, levou um choque, pois esperava mil desculpas e ele a tratava friamente. Espantou-se mais ainda, quando ouviu:

– Cidinha, é melhor terminarmos nosso namoro.

– Quê?! Terminar tudo? Se me pedir desculpas...

– Não quero pedir. Acho que não dá mais, porque nosso namoro está chato e...

– Que desaforo! Chato é você! Eu é que quero terminar tudo. Merece essa outra, fica com ela!

Cidinha levantou-se num salto, saiu da varanda e entrou em casa, deixando sozinho Caio, que também se levantou e foi embora.

Caio estava triste, mas aliviado e pensou: "Agora é só fugir de Cidinha e fingir que namoro outra. E, com o Sr. Marcelo e papai ajudando-me, ficará tudo mais fácil. Devo, de agora em diante, pensar em Cidinha como minha irmã, devo gostar dela como gosto de Carla."

Resolveu ir a um cinema, escolhendo uma comédia para distrair-se. Não queria voltar para casa aquela hora e não tinha vontade de conversar com ninguém. E se chegasse cedo em casa, em noite de sábado, todos iriam querer saber o porquê.

Cidinha, deixando Caio na varanda, entrou na sala, correu para a mãe e começou a chorar. Helena abraçou a filha e Marcelo largou o jornal que estava lendo, sentando-se perto delas.

– Filhinha, que houve? – indagou Helena preocupada.

– Caio e eu terminamos o namoro.

– Grande rapaz! – exclamou Marcelo.

– Quê?! Está do lado dele? – indagou indignada Helena.

– Eu?! Não! Eu disse grande tolo, o rapaz.

– Ah! Conta-nos tudo filha, que houve?

– Caio saiu ontem com uma turma e ficou todo meloso com uma das moças.

– Não seria mentira? – indagou a mãe.

– Caio confirmou e disse mais, que gosta dela.

– Infeliz! Tolo! – exclamou Helena.

– Cidinha, minha filha – falou Marcelo – não é tragédia e não deve sofrer por isso. Foi melhor ele ter namorado outra agora, do que depois de casado...

– Marcelo! – disse a esposa aborrecida –, Caio disse que prefere a outra jovem e você parece não se importar?

– Por isso mesmo, se prefere a outra, não é tão maravilhoso como pensávamos, e não gosto de ver minha filhinha chorando por quem não a quer.

– Isto é! – respondeu Helena.

– Cidinha – continuou Marcelo – não fique triste, pois vou comprar para você aquela pulseira de rubis e brilhantes, mais bonita e mais cara do que a da Susane. Vou também dar sua mesada em triplo, que tal?

– Verdade? Oh! papai, amo o senhor! Vou comprar roupas novas!

– Isto filhinha – disse a mãe –, Caio se arrependerá logo, ao vê-la tão bonita.

– Helena – exclamou Marcelo –, vamos esquecer Caio, pois temos nosso orgulho e não devemos mais falar desse moço. Cidinha ficará linda e suas amigas verão que ela nada sentiu em terminar esse namoro idiota.

– Idiota? Você não pensava assim. Não gostava de Caio? – indagou Helena.

– Disse bem, gostava. Desde que preferiu outra, que fique com ela. Cidinha merece outro melhor.

Cidinha começou a chorar novamente.

– Mesmo idiota, papai, quero o namoro com ele...

– Que nada! Não tem orgulho? amor-próprio? Não deve querer quem não a quer.

– Que raiva! – desabafou Helena –, Caio merece uma lição, falarei a Ofélia e ao Paulo do filho horrível que eles têm.

– Não vamos falar nada, Helena, deixemos a família à parte. Se quiser fale com Paulo, mas não com Ofélia, pois ela já sofre muito. Não devemos romper com eles, amigos de tanto tempo, por causa de brigas de jovens. Se fizer isso, dará a impressão de que estamos forçando Caio a namorar Cidinha.

– Isto é que não! – falou Cidinha –, se Caio tiver que voltar, terá que ser de joelhos...

– Helena, é melhor deixar que os dois se entendam. Nosso dever é entreter nossa filha – falou Marcelo.

Cidinha parou de chorar. Estava no colo da mãe, que a mimava como criança, porém seus olhos brilharam ao pensar no presente que o pai prometera.

– Papai, a pulseira será como eu quero? Poderei escolhê-la?

– Claro, filha, segunda-feira irá com sua mãe às joalherias e escolherá o que quiser. Darei a você, não importando o preço.

Cidinha, começou a falar da pulseira e Antônia e eu saímos.

– Foi fácil – disse a Antônia –, Marcelo conhece a filha e sabe como entretê-la. Com os dois a confortá-la, esquecerá logo.

– Entretanto, Cidinha acha que Caio voltará.

– Mas perderá logo a esperança e o esquecerá. Cidinha confundiu seus sentimentos, pois gosta de Caio, mas não o ama.

Depois do filme, Caio foi para casa e deitou-se logo. A imagem de Cidinha veio-lhe à mente. "Será que ela estaria sofrendo?", pensou triste. "Se estiver, sofre menos do que se soubesse a verdade. Tinha que pensar nela só como irmã."

Parecia um tanto difícil a ele que, dias antes, pensava amá-la. "Ah! meu Deus!" – sussurrou baixinho – "como é difícil dizer: 'Pare de pensar nela, deixa de amá-la'. Como mandar em sentimentos? Será que a amei mesmo? Não devo amá-la, permita que não, Jesus, gosto dela, somente."

Caio chorou, porque sofria, orou e confundiu as orações. Dei-lhe um passe e ele se acalmou e dormiu.

No outro dia, levantou-se cedo e encontrou a mãe e as tias já acordadas e disse-lhes que tinha um encontro com amigos, entretanto saiu de casa para ir ao centro espírita.

A turma o esperava em frente ao prédio, e alegraram-se em vê-lo. Os conhecidos cumprimentaram-no, apresentando-o aos outros. Caio sentiu-se bem, à vontade, simpatizando com todos.

Entraram e muitos jovens estavam presentes. Separavam-se por faixa etária, formando diversos grupos, que foram conduzido para salas determinadas. Caio ficou no salão, entre Andrea e Luísa. Um casal de meia-idade estava lá para a orientação. Andrea explicou a Caio:

– Hoje, a reunião será diferente, porque convidamos um casal para uma conferência.

Não demorou e iniciaram os estudos.

Andrea fez a oração inicial com emoção, pedindo ao Pai-Celeste forças a todos os jovens para resistirem aos vícios que, no momento, arruinavam tanto o físico como o espírito de tantas pessoas. Pediu a Jesus a coragem para não se envergonharem, quando chamados de "caretas", "ridículos", por estarem no caminho certo. Oraram o Pai-Nosso.

O orientador explicou sorrindo que não eram tão velhos e que preferiam ser chamados de Irineu e Magali. Em seguida, pegou um livro e começou a ler. Caio leu o título: *O Livro dos Espíritos*.

O texto falava sobre a pluralidade das existências e das muitas vezes que nós, em diversas épocas e de muitas formas, encarnamos na Terra. Explicava que as diferenças não são injustas, porque muitas vezes representam colheitas do passado, ou formas de aprendizado ou, ainda, um estágio, esclarecendo que pobres ou ricos, inteligentes ou débeis, perfeitos ou inválidos constituem oportunidades para resgatar erros ou repará-los.

Deus não seria justo se presenteasse alguns com beleza, inteligência e a outros castigasse com feiúra e pobreza. Deus não pune, nem recompensa; somos nós que, ao praticarmos erros, plantamos a má semente, cujos frutos um dia iremos colher. Ao praticar o mal, contraímos dívidas para conosco e para com aqueles que prejudicamos. Chega o dia em que teremos de resgatá-las. A maldade feita por nós desarmoniza-nos e somente voltamos à harmonia pelo sofrimento ou fazendo o Bem.

Alguns perguntavam e outros davam opiniões. Caio escutava atento e quis indagar, mas achou que, por não conhecer nada, poderia fazer perguntas primárias ou até ridículas. Estava concordando com Luísa, que tinha razão, pois as explicações vinham direto ao seu raciocínio, satisfazendo-o.

– Irineu, indagou um dos jovens, e o débil mental? Como nos explica o Espiritismo o fato de um Espírito encarnar em um corpo tão debilitado?

– Tudo o que temos perfeito devemos conservar, cuidar para que continue assim. Você, meu jovem, é perfeito moço, bonito e inteligente, seu corpo é perfeito. Se passar a tomar drogas, bebidas alcoólicas em demasia, danificará seu corpo e por vontade própria. Seu cérebro agora perfeito, desarmoniza. Ao desencarnar, seu perispírito estará doente e poderá transmitir ao futuro corpo físico esse estado perispiritual. Ou, caso você se suicide, com um tiro na cabeça, e danifique o que tem de perfeito, provocará desarmonia. Voltará a retomar a harmonia num corpo físico, que poderá ser deficiente. São muitas as causas que fazem com que um Espírito reencarne num excepcional. Aprendemos também, pelos estudos espíritas, que pessoas inteligentes, que usam sua inteligência para o mal, desarmonizando-a, podem encarnar em corpos debilitados para se ajustarem perante as Leis Cósmicas.

– Luísa – cochichou Caio –, parece que nada que este senhor fala me é desconhecido. É incrível! Entretanto, tenho a certeza de que nada parecido escutei sobre o assunto!

-Irineu – falou alto Luísa –, Caio, aqui a meu lado, acaba de dizer-me que parece que já sabia tudo o que se comentou, porém garante nunca ter ouvido falar sobre esse assunto.

Caio encabulou-se e olhou feio para Luísa, que nem se importou. Irineu deu sua explicação:

– Muitas vezes esse fato nos acontece. É prova da existência de outras vidas na matéria ou de aprendizado em períodos como desencarnado. Muitas coisas que fazemos, vemos ou escutamos pela primeira vez, parecem-nos conhecidas e sentimos que recordamos, sem conseguir, contudo, saber onde aprendemos ou vimos. Caio, você tanto pode ter aprendido sobre esse assunto em outra existência, como ter estudado, na espiritualidade, num dos períodos em que esteve desencarnado.

Caio gostou da explicação e sentiu no íntimo que era isso mesmo. Aproveitou e disse:

– Gosto deste local, gostei do que ouvi e sinto que me encontrarei no Espiritismo. Realmente, parece que já sabia do que foi dito, porém não recordo de mais nada. Gostaria de fazer parte do grupo.

– Claro – disse Irineu –, seja bem-vindo e considere-se já um dos nossos jovens. Se quiser, leve os livros básicos, de Kardec, para ler e aqui estaremos para explicar o que não entender. O objetivo deste encontro é reunir jovens e estudar as verdades eternas. É estudar o Espiritismo e, para aqueles que querem, este estudo são setas no caminho que nos levarão ao progresso espiritual.

Em seguida, o grupo comentou sobre o trabalho que fazia junto a creches, asilos e orfanatos. Naquela tarde, iriam a um orfanato.

A oração final foi feita por Márcio, que pediu bênçãos para o novo companheiro. Caio, emocionado, agradeceu em pensamento por ali estar e pela oportunidade de fazer parte de um grupo tão idealista.

Todos saíram e combinaram encontrar-se às três horas ali, na frente do centro espírita, para se organizarem nos carros que dispunham, e irem ao orfanato.

Caio foi para casa tranqüilo, com os livros que Irineu lhe emprestara, pensando em começar a estudá-los naquele mesmo dia.

10

Conhecendo o Espiritismo

Os familiares de Caio estavam na sala conversando. Sérgio, ao ver o irmão, foi logo dizendo:

– Caio, por que terminou o namoro com Cidinha? Fez um papelão! Em vez de dar-lhe explicações, disse-lhe que gosta de outra. Meu irmão, acho que enlouqueceu e se papai não o matar, o Sr. Marcelo o faz. Cidinha contou-me tudo, está humilhada e com razão. Deve-nos explicações, e pode começar. Onde já se viu largar uma moça como Cidinha, assim?

– Sérgio, prefiro não falar desse assunto – respondeu Caio.

– Ah! é? Sabe que errou e é melhor consertar tudo, pedindo perdão à Cidinha.

– Caio – indagou Carla, curiosa –, é verdade mesmo? Brigou com Cidinha? Não estava apaixonado por ela?

– Pensei que estivesse, Carla, mas confundi e descobri que não a quero mais. Cidinha é maravilhosa, porém no coração não se manda. Já conversei sobre isso com papai e mamãe.

– Verdade? – indagou Sérgio, olhando para o pai.

– Deixem Caio em paz – defendeu-o o pai –, é verdade, falou conosco e entendemos. Gostamos de Cidinha, porém achamos que o principal é Caio amá-la e, se descobriu que não a ama, agiu certo.

– Quê?! Enlouqueceram todos? – protestou Sérgio. – Pensei que iam brigar com ele... castigá-lo.

– Sérgio, meu filho, não quero obrigar meus filhos a nada, ainda mais a casar. Também gosto de Paula e não é por isso que obrigaria você a casar com ela.

Riram todos.

– Graças a Deus, pois feia e metida como é... Porém Cidinha é diferente.

– Mudemos de assunto – disse Paulo –, Caio é adulto e sabe o que quer, por isso não devemos mais falar nisso. Acabou e pronto!

– O Sr. Marcelo e D. Helena estarão pensando assim? – indagou Sérgio.

– São boas pessoas e não irão acabar com nossa amizade por brigas de vocês. Marcelo telefonou hoje de manhã e não tocou no assunto.

Uma amiga de Carla chegou, e todos foram para a varanda, menos Ofélia, que fez um sinal para que Caio ficasse.

– Caio, estou preocupada com você... Está namorando outra? Ama outra? Fez um papel feio com Cidinha!

– Mamãe – disse o moço beijando-lhe o rosto –, não se preocupe, não namoro ou amo ninguém. Na sexta-feira, saí com amigos e, por acaso, sentei perto de Luísa, colega de classe, e somente conversamos. Viram-nos e contaram à Cidinha, que tirou suas conclusões, não me dando nem tempo para desmentir. Foi melhor, porque, com raiva de mim, Cidinha me esquecerá mais facilmente.

– Parece-me aborrecido, tem mesmo certeza de que não a ama?

– Tenho mamãe. Pensei bem... e só me aborreci com os comentários, mas estou aliviado por estar tudo terminado.

Todos voltaram à sala e conversaram animados, esperando o almoço.

Zélia e Rosa esforçavam-se para se acostumar com o movimento da casa. Felizes com a boa acolhida, procuravam ser agradáveis sem, contudo, conversar muito. Aquela semana foi diferente e movimentada, pois foram ao médico, ao dentista e acompanharam Carla pelas lojas. Compraram roupas, que hesitaram em aceitar, porém Paulo insistiu, deu dinheiro à filha, que adorava gastá-lo e, num piscar de olhos, viram-se elegantes e com o guarda-roupa sortido e caro.

Sentiam que os sobrinhos as adoravam, e também gostaram tanto deles, que se sentiam as tias mais "corujas" do mundo.

Auscultei-as. Zélia sentia-se mais tranqüila, apesar de o diagnóstico do médico consultado afirmar o mesmo que o do outro que a tratava: seu coração não estava bem, falhava muito. Receitara novos remédios, recomendara tranqüilidade, repouso e boa alimentação. Na casa da irmã estava tendo toda a assistência, mas importava-se pouco com a saúde, porque ansiava deixar o mundo físico e encontrar o esposo a quem estava ligada por afeto sincero, e de quem tinha muitas saudades. Estava arrependida por não ter escrito antes à irmã, pois sentia que Ofélia mudara e sofrera muito. Não conseguia entretanto entendê-la: tantos anos de indiferença e agora tratando-as como duas rainhas. O importante era Rosa, que amava como filha, cuidando dela quando doente, e depois foi a vez dela, em dar-lhe ajuda na doença do esposo e a si própria, nos últimos tempos. Sabia que não viveria muito e sua preocupação era deixar Rosa sozinha. Sem sua pensão, como iria Rosa viver numa cidade grande e sozinha? Pediria ajuda a Ofélia pela irmã, sabendo que os sobrinhos e a irmã, ao conviverem com ela, passariam a amá-la cada vez mais e, por isso, poderia partir tranqüila, deixando-a amparada. Agora que estava ali, não se arrependeu de ter vindo, principalmente ao ver Rosa feliz com os sobrinhos e não precisando trabalhar mais.

Rosa, por sua vez, amava os sobrinhos e sentia-se contente, lembrando, porém, que teve medo de voltar e ficar na casa da irmã que, por tanto tempo, tratou-as com indiferença. Nunca entendera Ofélia, nem o porquê de seu afastamento. Concordou em vir por causa de Zélia, que estava doente, necessitando de cuidados médicos, remédios caros e boa alimentação. Por mais que trabalhasse, o dinheiro era insuficiente, por isso passara a fazer faxina em casas particulares e, à noite, fazia seus trabalhos manuais que, embora exigissem muito, não rendiam o bastante. Agora, vendo Ofélia fazer tudo para agradá-las e Zélia tranqüila e medicada, estava agradecida à irmã e ao cunhado.

Paulo, contudo, perturbava-a, pois sempre o amou com intensidade e nunca mais pensara em se casar, fugindo de todos os homens que se aproximaram dela. Bonita, honesta, simpática e trabalhadeira, foram muitos os que tentaram conquistá-la, com propósitos de casamento. Revendo Paulo, percebeu com tristeza que esse amor era forte e honesto, como ela. Não ambicionava nada e, de coração, queria ver a irmã e ele felizes, inclusive porque tinha pena de Ofélia, inválida, naquela cadeira de rodas. Envergonhava-se desse amor e prometeu a si mesma mantê-lo sempre escondido. Pensava em ficar ali até Zélia morrer e sabia que, mesmo com os cuidados necessários, a irmã não ficaria muito entre eles. Depois escolheria um convento ou um orfanato para morar, realizando um velho sonho de cuidar de crianças abandonadas. Estava desfrutando do descanso com alegria. Sempre trabalhou, mas nos últimos meses redobrara as tarefas e sentia-se cansada. Achou Carla maravilhosa, e a sobrinha por sua vez acolheu-a muito bem, e tornaram-se boas amigas.

Após o almoço, Sérgio e Carla levaram as tias para um passeio e Ofélia foi descansar, enquanto Paulo lia seu jornal. Caio, enquanto esperava a hora de ir ao orfanato, foi para o quarto, pegou *O Evangelho Segundo o Espiritismo* e começou a ler. Reparando os significados das palavras usadas por Jesus, explicadas para o nosso tempo, compreendeu que iria entender melhor os ensinos do Mestre.

Foi ao encontro meia hora antes e alegrou-se ao ver Luísa e Andrea. E lá ficaram conversando até chegarem todos.

– Caio, gosta do Curso de Administração? – indagou Andrea

– Gosto de estudar, faço esse curso por insistência de meu pai, que sonha em colocar-me em seu lugar. Prefiro mesmo Medicina.

– Tem cara de médico. Não sei por que, mas você parece um médico. – Riram e Luísa continuou: – Se gosta de Medicina, deveria pensar melhor e cursá-la, pois tem tempo, dinheiro e é inteligente. Deve fazer o que gosta e não o que o seu pai quer.

– Amo meu velho e ouço desde pequeno que irei substituí-lo. Até agora achava que iria mesmo, mas começo a pensar o contrário e querer estudar Medicina.

– Disse "achava", mas não acha mais? Deve pensar seriamente no assunto e ver o que realmente quer – disse Luísa –, bons médicos fazem falta, principalmente os que amam a profissão.

– Você tem razão Luísa, estou confuso, porém vou pensar. Sinto que a vocação ficou dormente em mim e agora acordou. Dá para entender?

– Sim, foi assunto deixado de lado por você e agora veio forte. É para pensar bem, pois tenho a certeza de que seu pai entenderá – falou Andrea.

– Não sei. E se ele sofrer com isso?

– Que nada, você é que se frustrará em deixar de fazer o que gosta – falou Luísa, otimista, e como sempre querendo ajudar.

A turma foi chegando alegre, trazendo doces, balas, brinquedos etc., para distrair as crianças. Caio não sabia e ficou desapontado por não ter trazido nada.

– Caio, oportunidades não faltarão, temos sempre estes programas – esclareceu Luísa.

Com entusiasmo acomodaram-se nos carros e partiram alegres.

Ao chegarem ao Orfanato, as crianças que já os conheciam, vieram correndo recebê-los.

Caio emocionou-se, pois não pôde deixar de pensar que poderia ter sido uma daquelas crianças, se Ofélia não o tivesse aceitado. A turma organizou brincadeiras. Tocaram violão, cantaram, tomaram lanche no pátio e distribuíram doces e brinquedos.

No começo, Caio ficou só olhando, por sentir-se engasgado pela emoção, entretanto acabou pondo-se à vontade e foi brincar com os garotos, jogou bola e até serviu de cavalo para os menores. Acabou cansando, mas sentiu um bem-estar enorme ouvindo as gargalhadas das crianças.

Já escurecia, passando do horário do banho das crianças. Luísa reuniu-os e eles já sabiam que era para orar. Silenciosos, fizeram um círculo de mãos dadas, e depois oraram o Pai-Nosso. Luísa agradeceu em poucas palavras a tarde maravilhosa que tiveram. Luisinho foi convidado a orar, e o menino de dez para onze anos, negro, de olhos grandes, entrou na roda, olhou para o céu e disse alto, com sinceridade:

– Papai do Céu, obrigado por ser nosso Pai, porque, sabendo do seu amor, já não nos sentimos abandonados. Ajuda-nos a crescer e a ser bons para termos sempre amigos, porque a vida se enfeita com a flor da amizade. Proteja também estes amigos, lembrando-os de voltar, porque é tão bom tê-los aqui. Amém.

Os jovens despediram-se das crianças e partiram. Estavam

todos felizes, mas fizeram o trajeto silenciosos, estavam cansados. Caio deixou os jovens que estavam com ele, em frente ao centro espírita e foi para casa. Após tomar um banho, ficou no quarto lendo e não saiu, como estava acostumado.

"Como este livro me esclarece!" – exclamou –, "será meu livro de cabeceira! "

Na segunda-feira pela manhã, ao tomarem o desjejum, Caio pediu ao pai que o dispensasse do trabalho naquela semana. Paulo concordou e nem perguntou o porquê. O medo de perder o amor do filho fizera-o pensar mais neles e percebera que amava-os muito e desejava vê-los bem e felizes. Admirava o filho mais velho pela coragem, por sua atitude e por vê-lo tão amoroso com Ofélia.

Caio foi para a Faculdade e, ao retornar para casa, almoçou, foi para o quarto e voltou à leitura. Queria ler os livros que Irineu lhe emprestara e pensar no que iria fazer e estudar. Por três dias, leu as obras de Kardec, achando explicações para muitas indagações que antes nunca entendera.

Na quinta-feira, marcara um encontro com Luísa e Andrea, na casa delas para discutir e comentar o Espiritismo. Caio lá estava no horário marcado. A mãe das moças recebeu-o bem e acomodaram-se na sala. Logo após, chegou Flávio, amigo delas que também se interessava pelo assunto.

Luísa fez uma oração, abriu o Evangelho e leu um texto: "A Ventura da Prece".

Caio já tinha lido sobre o assunto, mas escutar parecia-lhe diferente. Preces, orvalho divino; as preces suavizam o calor das paixões, e levam-nos ao caminho que conduz a Deus; as preces harmonizam; as preces consolam...

– Que beleza! – exclamou Flávio –, então no Espiritismo dão muito valor à oração?!

– Sim e como!– disse Andrea. – A oração é o alimento da Alma e, ao orar o Pai Nosso, pedimos: "O pão nosso de cada dia dainos hoje". Alimentar-se é importante, é dar valor ao corpo físico, a este envoltório do Espírito. Mas não só devemos alimentá-lo, como higienizá-lo, cuidar dele, evitando tudo o que lhe é nocivo, e não viciá-lo. Mas devemos também alimentar o Espírito. Somos eternos e, por isso, sobrevivemos após a morte do corpo.

Fortalecemos o espírito com orações, bons pensamentos, praticando o Bem, amando a todos como irmãos, perdoando todas as ofensas e não fazendo mal a ninguém. E nós, espíritas, devemos enriquecer também nosso espírito, com estudos, conhecimentos, porque, quando desencarnarmos, partiremos daqui para o Plano Espiritual somente com a bagagem de conhecimentos e com nossas obras.

– Devemos pedir em oração o que desejamos? – indagou Flávio, interessado.

– Sim, por que não? – esclareceu Luísa. – Nossos pedidos precisam ser justos e simples, e devemos pedir só o Bem, tanto para nós, como para outras pessoas. É necessário também pensar que antes da nossa vontade, dos nossos desejos, está a Vontade e Sabedoria do Pai, que nos ama.

– Foi isso que Jesus fez no Horto, na quinta-feira Santa – lembrou Caio.

– Sim – continuou Luísa –, porque nem sempre o que pedimos é realmente bom para nós, nosso Eu, nosso espírito. Às vezes, desejamos algo, que seria como dar uma faca afiada a uma criança, satisfazendo-a, mas com o risco de cortar-se e sofrer mais. Porém só o fato de orar com sinceridade e fé já nos acalma, e uma doce paz nos envolve. Isso é o mais importante.

– Que força poderosa! – exclamou Flávio.

– Sim – confirmou Luísa –, que força maravilhosa temos ao nosso dispor, e é acessível a todos!

– Luísa – disse Caio –, narram-nos os Evangelhos que Jesus orava muito.

– É verdade, o Mestre deu-nos muitos exemplos. Às vezes, afastava-se de todos para meditar e orar. E, a pedido dos discípulos, ensinou-nos a oração belíssima do Pai-Nosso... a nossa oração por excelência.

Contaram tantos fatos sobre o assunto, sobre o poder da oração, que nem viram o tempo passar e, já escurecia, quando Caio e Flávio foram embora.

"Vou ser espírita" – disse Caio, pensando alto –, "vou ser um espírita estudioso. Por enquanto não direi nada em casa, pois é melhor dizer aos poucos."

Antônia e eu fomos visitar Marcelo e sua família. Cidinha

sentia-se magoada, mas, com o agrado e carinho dos pais, recuperava-se bem. Passara a semana entre as compras e as amigas. Marcelo tudo fazia para que não se falasse em Caio e evitava que Helena e a filha tivessem esperanças de uma reconciliação. Admirava mais ainda Caio e pensava ter perdido, com certeza, o genro ideal, por isso orava por ele, para que não sofresse e fosse feliz. Diariamente conversava com Paulo trocando notícias e, da mesma forma que seu amigo, respeitava Caio por sua atitude.

– Antônia – disse-lhe –, tudo está tranqüilo agora. Caio acha-se bem e, na Doutrina Espírita, compreenderá e superará melhor os problemas. Com tudo resolvido, vou partir.

– Agradeço-lhe pela ajuda, Antônio Carlos. Mas, antes de ir, venha dar uma olhada em Ofélia.

Ofélia encontrava-se sozinha na sala, estava tranqüila e calma. Orava, aproveitando o silêncio que reinava aquela hora na casa. Observei-a: seu corpo físico enfraquecia, dando sinais de um desligamento lento. Seu coração poderia parar a qualquer momento.

– Deverá desencarnar logo. Deseja, Antônia, que a ajude?

– Ofélia deve ser libertada da prisão da carne, para regressar feliz, pois é boa, justa e sofreu anos com resignação. Vendo as irmãs aqui com seus filhos, sente-se tranqüila. Não disporia, Antônio Carlos, de mais alguns dias?

Pensei por instantes.

– Antônia, devo voltar a meus afazeres, mas reservarei algumas horas por dia para estar aqui e ajudar Ofélia, e colaborar na decisão de Caio.

– Decisão de Caio?!

– Tudo indica, Antônia, que seu filho cursará Medicina. Veremos o que decidirá.

11

O Perdão

Já ia sair, quando Rosa entrou na sala. Esperei, e acompanhamos o diálogo das irmãs:

– Oi, Ofélia, posso fazer-lhe companhia?

– Rosa, sente aqui perto de mim. Estava mesmo querendo falar com você a sós e, desde que chegaram, aguardava esta oportunidade. Você continua meiga e boa, não mudou nada. Sinto remorsos pela forma com que a tratei. E, no passado, na mocidade, fiz muitas coisas sem pensar. Quero pedir-lhe perdão. Mas, por favor, não fale nada, escute-me. Você namorava Paulo e eu, sabendo que gostava dele, não tinha que me intrometer entre vocês. Mas fiz, sem me importar com seu sentimento. Deve ter sofrido bastante e, por isso, perdoe-me.

– Ofélia, isso foi há tanto tempo! Não penso assim, nada me fez de mal. Somente eu gostei dele na época, mas não ele de mim. Acho... tenho a certeza de que vocês foram feitos um para o outro. As duas metades da laranja...

Riram.

– Não guardou mágoas mesmo?

– Não, Ofélia, não guardei, porque nem as tive.

– Obrigada – suspirou Ofélia contente –, que bem me faz ouvir isso!

E depois, passaram a conversar sobre outros assuntos.

– Acho, Antônio Carlos – disse Antônia –, que só faltava esse gesto, para Ofélia desligar-se de qualquer vínculo, de que poderia sentir culpa. Pediu perdão à irmã, humilhou-se, reconheceu seu erro e, de coração, reconciliaram-se.

– Ofélia prepara-se para a desencarnação. Todos os encarnados deveriam fazer isso todos os dias, para não temer a morte do corpo. Quem sabe o dia em que desencarnará? E Ofélia, portanto, com a consciência tranqüila está livre, não possui vícios nem desejos. Porque, minha amiga, devemos destruir nossos vícios, libertarmo-nos de todos os desejos da carne, para que eles não permaneçam no corpo perispiritual após sua separação do corpo físico. Ela pediu perdão, e o perdão faz um bem enorme a quem pede com arrependimento sincero. Ao pedirmos perdão, independentemente de sermos ou não perdoados pelo ofendido, recebemos paz e tranqüilidade. Agora Ofélia está em paz.

– Rosa já perdoou a irmã há tempos. Como ela é boa, não guardou rancor, embora tenha sofrido muito.

– Se todos, Antônia, agissem assim, o mundo seria bem melhor. Jesus recomendou-nos tantas vezes que perdoássemos, mesmo sem que nos pedissem perdão. E ainda mais, quando nos pedem. Não perdoar é ligar-se ao ofensor com rancor, ódio para, talvez, no futuro, obsedar. Quem não perdoa, sofre e, quando se sente não perdoado ou amaldiçoado, sofre-se mais. Não guardar rancor é estar propício a ligar-se ao Alto, às forças do Bem. Como é bom saber-se perdoado e perdoar a todos com sinceridade, esquecendo-se das ofensas recebidas.

Após o jantar, reunidos na sala, Zélia com simplicidade pegou o Evangelho, olhou para Ofélia e disse alto:

– Ofélia, costumávamos, Rosa, meu querido esposo e eu, uma vez por semana, ler o Evangelho e orar juntos. A família que ora unida, permanece unida. Se permitir, se quiserem, gostaria de ler um pedacinho.

– Que feliz idéia, tia... maravilhosa! – exclamou Caio entusiasmado.

– Certamente, querida Zélia, gostaria de ouvi-la – disse Ofélia.

Silenciaram e Paulo, meio a contragosto, largou o jornal que lia. Zélia abriu o livro, onde já estava marcado. Era o *Evangelho de Mateus*, na parte que mais gostava, *O Sermão da Montanha*. Sérgio e Carla que, inicialmente, não gostaram da idéia, aos poucos foram se envolvendo com a leitura. Zélia lia com amor e sua voz harmoniosa se fez ouvir por uns quinze minutos. Não fez comentários. Fechou o livro e convidou todos a orar um Pai-Nosso.

Aproveitamos para doar energias benéficas e todos sentiram-se bem e gostaram.

– Tia, podemos reunir-nos sempre para uma leitura! É tão bonito! – disse Carla com sinceridade.

– É mesmo, também gostei – falou Paulo.

– Se quiserem, marcaremos um dia da semana, logo após o jantar.

Todos concordaram. Zélia era católica, mas tinha o conceito de que não são os cultos externos que levam a Deus, mas sim os ensinos sábios de Jesus e acreditava que, na vivência dos Evangelhos, estavam as indicações do verdadeiro Caminho da Vida Eterna.

Logo depois, Caio foi para o quarto e não pegou nada para ler, como vinha fazendo antes, porém pôs-se a pensar: "Quero cursar Medicina, porque sinto que devo e é o que gosto. Se já fui encarnado muitas vezes, acho que tenho um compromisso com essa profissão. Hoje a Medicina está muito mercantilizada, pois a maioria da classe esquece o aspecto humano dos que sofrem e só pensa na parte material, tornando-a uma das profissões rendosas neste país de tantas doenças. Comigo não será assim, quero exercê-la usando meus conhecimentos igualmente para todos. Tenho que falar com papai, mas como fazê-lo? Ah, mamãe! ela me ajudará. Será que meu velho ficará aborrecido? Será que lhe darei desgosto? Bem, tenho que tentar e fazer com que me entendam."

Pensou bastante e decidiu: "faria Medicina!"

No outro dia, foi ao centro espírita tomar passe, seguindo informação de Luísa. A casa estava lotada de pessoas de várias classes sociais. Um senhor fez a oração e pediu a todos para pensarem em Jesus. Não na imagem do crucificado, mas do homem-Mestre, do Jesus amigo que ensinava, curava e abençoava. Em seguida, fez pequena palestra explicando o que Jesus disse, ao falar a Nicodemos sobre o imperativo de nascer de novo para ganhar o Reino de Deus. Da necessidade que todos nós temos de reencarnar, para aprender e crescer espiritualmente.

Caio prestou muita atenção, sentiu que não voltou a encarnar à toa e que seu nascimento e o abandono de sua mãe consangüínea tinham um significado, que ficou esquecido com a reencarnação.

– É necessário – continuou o orador –, encarnarmos tantas vezes quantas forem necessárias, para progredirmos, mas é preciso, também, aproveitarmos a oportunidade e mudarmos nossa forma de viver, seguindo os exemplos evangélicos, praticando o Bem e amando a todos como a nós mesmos. Não deixando para o futuro, para outras encarnações, essa mudança, porque é chegada a hora de fazer, de construir, de plantar o Bem para uma boa colheita no futuro. Mais importante para nós, que conhecemos a Lei da Reencarnação, é construir um futuro melhor, é aproveitarmos os conhecimentos espíritas para nos libertarmos no presente, progredir nesta encarnação... agora.

"Como a Lei das Reencarnações é divina" – pensou Caio –, "que profunda justiça! Entendê-la é reconhecer a Justiça e o Amor do Criador. Devo ter vindo à Terra encarnado com uma finalidade... acho que é com a Medicina que encontrarei oportunidades de construir, talvez, o que destruí no passado, de acertar onde errei."

Foi formada uma fila e Caio feliz caminhou para ela. Um grupo composto de dez pessoas dava os passes. A sala para tal evento estava impregnada de bons fluidos e a equipe espiritual que ali auxiliava, era grande e tudo fazia para ajudar com carinho os necessitados.

Caio sentou-se de frente a uma senhora de feição bondosa, para receber seu passe. Antônia aproximou-se e, querendo transmitir uma mensagem a Caio, falou à médium passista e ela transmitiu

a seu filho:

– Sua mãe manda-lhe abraços. Ela ama-o muito e reconhece o próprio erro, pelo qual muito sofreu e roga-lhe que a perdoe.

Caio olhou assustado para a passista, pois mãe, para ele, era Ofélia. Recordou então da outra, da que lhe dera a oportunidade da encarnação. Havia desencarnado, mas deveria estar ali no momento. Ficou emocionado, embora não a amasse e nem mesmo pensasse nela. Ela sofria e rogava-lhe perdão, porém ele não tinha nada a perdoar, porque não se sentia prejudicado. A médium e Antônia aguardavam resposta e Caio foi espontâneo:

– É Deus quem nos perdoa. Não tenho nada a perdoar, mas se pede-me perdão, perdôo sim, e que tenha paz.

Rápido veio-lhe à mente o que o preocupava no momento e indagou:

– Ela poderia responder-me o que devo fazer? Continuar meus estudos ou fazer outro?

Antônia, emocionada, olhou-me pedindo ajuda, e eu respondi em seu lugar. E, num intercâmbio maravilhoso, a médium transmitiu meu pensamento:

– Ser útil é a maravilhosa oportunidade de reparar nossos erros e acertarmos o caminho que nos leva à verdade e à felicidade. São muitas as formas de servir e, em todas as profissões, temos a possibilidade de ser útil. Porém é com a Medicina que se identifica e será feliz em exercê-la.

Caio levantou-se, sentiu-se engasgado pela emoção, porque a médium falara de sua mãe, já desencarnada, e da Medicina, sem nada ser mencionado. Sentindo-se feliz em receber essas provas, bebeu a água fluida, saiu e foi em paz para casa.

Antônia voltou-se para mim com lágrimas nos olhos:

– Agora entendo o que Ofélia sentiu ao ser perdoada pela irmã. Que Deus proteja meu Caio, o filho que abandonei.

Caio chegou em casa cedo e só encontrou a mãe, pois todos haviam saído e as tias foram com Carla ao cinema.

Caio aproveitou e sentou-se ao lado da mãe, numa almofada, colocando a cabeça em seu colo. Como de costume, Ofélia, carinhosa, passou as mãos pelos cabelos do filho.

– Mamãe, sofro em vê-la nessa cadeira.

– Não deve preocupar-se comigo, meu filho, acostumei-me e não sofro.

– Penso no porquê de a senhora, tão boa, estar inválida assim.

– Já pensei muito nisso, não por achar-me boa, mas para saber se poderia ter algum motivo. Não tive resposta às minhas indagações, mas sinto que é justo, merecido. Não sei se você me entende, Caio, creio em Deus, Pai Justo, e na sua Sabedoria. Muitos acontecimentos, não os entendemos, mas recebo-os por verdadeiros. Senti a necessidade de aceitar e assim fiz. É como se tivesse escolhido passar por isso. É como sofrer por livre escolha e, embora não sabendo explicar, sinto-me em paz aceitando.

Caio não respondeu, entretanto pensou que, no exemplo de sua mãe, estava a confirmação da reencarnação. Deveria estar quitando, por vontade própria, seus erros, dívidas não cobradas por ninguém a não ser por ela mesma, erros de outras existências.

– Caio, meu filho, quero pedir-lhe uma coisa.

– Tudo o que quiser, mamãe.

– Peço a você, porque é o mais velho, além de bom e compreensivo. Estive afastada de suas tias, por erro meu e arrependo-me disso, pois minhas irmãs não têm condições financeiras para viver. Gostaria de dar-lhes tudo até o fim de suas vidas. Não sei quanto tempo vou ficar aqui e acho mesmo, querido, que não me demorarei muito entre vocês.

– Mamãe!

– Não me interrompa, filho, quem sabe do futuro? Não se preocupe, talvez enterre a vocês todos... Para ficar tranqüila, quero que me prometa, se quiser é claro, cuidar de suas tias, se eu partir primeiro.

Ofélia falou com ternura e Caio olhou-a com muito amor, porque a mãe confiava a ele as irmãs. Sentiu seu carinho, sentiu-se ligado a ela pelos laços do afeto. Não era necessário ser parente consangüíneo para estar ligado pelo amor maternal. Levantou-se, abraçou-a e a beijou.

– Prometo, prometo e prometo. Pode ficar tranqüila e confie em mim, que cuidarei delas. Embora tenha a certeza de que não necessitarei cumprir a promessa, mas se tiver farei com todo carinho.

– Obrigado, fico mais sossegada assim.

– Mamãe, ainda vou curá-la! Como gostaria de vê-la andando!

– Com idéias de Medicina outra vez? Fazia muito tempo que não falava nesse assunto. Pensei que tivesse desistido.

– Estou pensando seriamente em fazer esse curso, que foi sempre meu sonho, o que sempre quis. Deixei-o de lado, pensando em ficar no lugar de papai, mas não é isso o que quero. Vou parar com meu curso de Administração e estudar para o vestibular de Medicina, só que temo papai.

– Paulo terá um grande desgosto. Entretanto, Caio, ser médico parece-me uma profissão tão sacrificada: cuidar de doentes, ver sofrimentos, fazer plantões... Conviverá com dor e morte. Por isso, trabalhar com seu pai será mais fácil!

– Quando gostamos, quando fazemos com amor, tudo é fácil. Aprecio as indústrias, sei o que elas representam para papai, mas há Sérgio que gosta e idealiza cuidar de tudo. Não quero dar desgosto a vocês, pois são tudo para mim e sou-lhes grato. Às vezes, penso no que seria de mim se não fossem vocês.

– Que bobagem, Caio! – exclamou Ofélia, olhando o filho e temendo por instantes que ele conhecesse a verdade, pois não queria que soubesse, não queria que sofresse. Ele falava tão estranho, mas vendo-o tranqüilo, acalmou-se. Caio percebendo o receio da mãe, sorriu e acariciou-a. Ofélia continuou:

– Seu pai e eu fazemos o que nos é devido, porque amamos vocês três. Quanto a mim, filho, quero-o feliz, não me importando se for como mestre, médico ou administrador. Seu pai está estranho, pois você terminou o namoro com Cidinha e ele nem se importou. Paulo quer que trabalhe com ele, mas que seja feliz na profissão que escolher. Falarei com ele, farei com que entenda.

– Obrigado, mamãe! Ter a senhora ao meu lado é tudo o que quero!

Naquela noite mesmo, Ofélia falou com Paulo, que a escutou com tristeza.

– Ofélia – desabafou Paulo –, sonhava com Caio no meu lugar, o menino é bom, honesto e inteligente e todos gostam dele.

– Paulo, acabamos por forçar Caio a estudar o que não queria, ele sempre quis ser médico.

– Logo médico! Trabalhará tanto, fará plantões de noite, de dia, não terá sossego e, ainda, ganhará bem menos.

– Ele gosta e será bom profissional.

– Como negar algo a ele? Sei que deve ter pensado muito para decidir. Não vou impedir. Não devo interferir no que quer.

– Não fique triste, Paulo.

– Ofélia, não posso me alegrar, pois é um grande sonho meu que vai embora. É melhor conversar com ele. Diga-lhe para ir à tarde ao escritório.

No outro dia, Caio foi ver o pai. Sentia-se encabulado, por saber que o estava magoando. O pai olhou-o e Caio falou baixo:

– Desculpe-me, pensei muito mesmo, gosto daqui, mas desejo, quero, sinto que devo ser médico. Por favor, entenda-me!

– Médico não é carreira fácil, filho. Lidará com dores, doenças, com tristeza, por isso aqui é bem melhor. – Caio não respondeu, olhou-o somente e Paulo continuou: – Está bem, não vou mentir dizendo que estou alegre, porém faça como quiser.

– Verdade? Posso também viajar?

– Prometi – disse Paulo sorrindo, ao ver a alegria do filho.

– Vou trancar a matrícula e vou aos Estados Unidos, depois volto e estudarei para o vestibular. Pagará meus estudos?

– Oh, filho! Por que não pagaria? Não me fale assim, porque o que é meu é seu, é nosso, filho, se não fosse...

– Desculpe-me, pai, minha decisão nada tem a ver com tudo aquilo... Já esqueci e não devemos falar mais... Nada mudou, amo muito todos vocês.

Abraçou o pai, recebendo dele um beijo na testa:

– Vá, vá, Dr. Caio, cuide de sua vida e faça o que gosta. O mundo ganhará um médico estudioso e responsável, cumpridor de seus deveres. Acabo de entender que não é o filho que realiza os sonhos dos pais.

Caio saiu feliz. Foi trancar a matrícula e tratar do passaporte, porque pretendia viajar logo.

12

O Passado

Voltei para a Colônia e retornei ao meu trabalho, mas a curiosidade de contador de histórias veio forte e procurei saber do passado das figuras principais da trama que se desenrolava. Dirigindo-me ao Departamento encarregado, vim a saber o que ocorrera na última existência de cada um deles.

Dias depois, fui ver Antônia.

– Aqui está tudo bem. Caio prepara-se para viajar, Cidinha está mais conformada e Ofélia sente muitas dores e cansaço, e parece que não está longe sua libertação, devendo ser antes de Caio partir.

– Antônia, procurei saber do passado de vocês e, então, compreendi o porquê do sofrimento de Ofélia, numa cadeira de rodas, inválida há tanto tempo.

– Posso saber?

– Se quiser escutar... – Com a afirmativa de cabeça de minha amiga, narrei: – Não darei os nomes que tiveram, mas sim os atuais, para facilitar. Paulo fora inteligente e trabalhador, de família de posse média, casou-se jovem com Rosa, e, após o casamento, foi administrar um grande armazém do sogro. Esperto para negociar, o comércio prosperou em suas mãos. Viviam Paulo e Rosa tranqüilos e tiveram dois filhos: Sérgio e Carla.

Foi então que Paulo conheceu Ofélia, moça pobre que trabalhava como doméstica. Há muitas encarnações foram eles, Paulo, Rosa e Ofélia, um triângulo amoroso, quando as duas disputaram o amor dele.

Ofélia tudo fez para conquistá-lo e não foi difícil conseguir.

Tornaram-se amantes. A cidade em que moravam era pequena e logo Rosa e seu pai ficaram sabendo. Rosa suportou a humilhação de ser traída, porém tudo fez para separar o esposo da amante. Pedia sempre, de forma delicada e Paulo prometia deixar a amante, porém não o fez. Resignada, passou a cuidar somente dos filhos, que adorava.

Do romance de Paulo e Ofélia, nasceu Caio, que foi registrado só no nome de Ofélia. Paulo então alugou uma casa razoável para Ofélia e o menino, e passou a sustentá-los. Viveram anos assim. O sogro de Paulo adoeceu gravemente e, temendo deixar a fortuna nas mãos do genro e que ele desse parte do dinheiro à amante e ao filho bastardo, chamou o genro e lhe disse:

"Paulo, sua aventura faz infeliz minha amada filha, entretanto gosto de você, que fez prosperar minha fortuna nestes anos, e é trabalhador e honesto. Não ficarei vivo muito tempo e vou deixar tudo o que tenho para meus dois netos, Sérgio e Carla. Temo que deixando para Rosa, você, casado com ela em comunhão de bens, venha a dar o que é meu para sua amante, que odeio, e seu bastardo filho. Fiz meu testamento e tenho que nomear um tutor, que poderá ser você, mas com a condição de que também passe o que é seu para Sérgio e Carla. Se não o fizer, nomearei tutor dos meus netos o meu empregado, José, que desde já passará a cuidar de tudo, inclusive da direção do armazém."

"O senhor não pode fazer isso?!" – espantou-se Paulo.

"Posso e farei" – continuou o sogro. – "Se concordar com o que quero, continuará a cuidar de tudo como sempre. Paulo, por que hesita? Sérgio e Carla devem herdar tudo. Rosa já concordou. Dou-lhe três dias para responder-me."

Paulo revoltou-se e ficou nervoso, pois amava o que fazia e se orgulhava em ser o chefe. Entretanto, conhecia o sogro e sabia que não voltaria atrás: ou fazia o que ele queria, ou José assumiria tudo. O sogro de Paulo nesta existência foi o Sr. Caio, seu pai, que odiava a amante do genro, atual esposa do filho, da qual não gostava, demorando para ter-lhe amizade.

Paulo fez o que o sogro queria e escondeu esse fato da amante, entretanto tornou-se inquieto e nervoso. Rosa, sabendo a causa, ignorou-o. O Sr. Caio fez tudo bem feito, sob a responsabilidade de um bom advogado, registrando tudo em Cartório.

Assim, Paulo tornou-se pobre, porque só tinha a responsabilidade pelos filhos. Tempos depois, o pai de Rosa faleceu e a notícia do testamento espalhou-se pela cidade.

Ofélia não gostou, porque pensava e queria que seu filho Caio herdasse também, pois era filho de Paulo e tinha direitos. Sonhava com o filho rico, para que ele pudesse estudar. Caio desde pequeno queria ser médico e, quando brincava, só falava nisso. Para Ofélia, ele tinha jeito de médico e sonhava em vê-lo formado.

Caio era bom menino, mas não entendia o que ocorria com os pais. Nas visitas paternas, a mãe fazia-o tomar-lhe a bênção e sair em seguida. Por isso, temia o pai e sentia vergonha em sua frente. Tentou saber do porquê de ele não morar com eles, perguntando à mãe, ela ficou nervosa e lhe bateu. Preferiu então não perguntar mais. Também estava proibido de ir para os lados da casa do pai e de conversar com os outros irmãos. Isso o entristecia, porque sempre quis ter irmãos e não podia nem conversar com eles, e nem mesmo cumprimentar o pai fora de sua casa. Conhecia seus irmãos, via-os de longe com a mãe deles e achava-os bonitos, entretanto, foi só na adolescência que entendeu tudo.

Inconformada com o procedimento de Paulo, Ofélia exigiu do amante que doasse alguma propriedade a Caio, porém com a negativa dele, começaram as brigas entre os dois.

Paulo começou a se cansar de Ofélia, de seus queixumes. Esquivava-se, então, dela, rareando as visitas e dedicando-se mais aos filhos e à doce esposa.

Ofélia não se conformou e Paulo ainda os sustentava, mas ela sentia que o perdera. Havia ela feito muitos abortos e tivera o filho na esperança de prender o amante, mas agora queria, através também do filho, garantir o próprio futuro.

Na tentativa de tê-lo como antes, mandou-lhe um bilhete marcando encontro. Paulo compareceu, mas estava frio e indiferente, e Ofélia tornou-se agressiva e brigaram violentamente. Paulo aos gritos disse que estava tudo terminado e se ela o importunasse novamente não daria mais dinheiro nem para o filho, nem para ela.

"É seu filho e tem que sustentá-lo" – disse indignada Ofélia.

"Ora, nem sei se o garoto é meu, faço muito em sustentá-lo, e não vou deixar nada para ele, pois nunca iria querer bastardos. Filhos são só os da minha esposa que é honesta. Bastardo não merece nada, e nem a amante."

Paulo saiu e Ofélia, em lágrimas, jurou vingar-se. Esperou uns dias para ver se o amante mudava de idéia, mandando-lhe vários bilhetes, que foram devolvidos. Paulo também negou-lhe dinheiro. Ofélia, com ódio, planejou sua vingança. Sabia de todos os costumes da casa do amante e um deles pareceu-lhe importante: eles iam à missa todos os domingos pela manhã.

Paulo morava com a esposa e os filhos na casa que pertencera ao sogro, uma propriedade grande e bonita, numa pequena chácara, não muito afastada da cidade, havendo entre uma e outra um morro. Assim, para irem à cidade tinham de subir o morro por uma estrada bem cuidada e bonita, talhada na encosta, havendo de um lado o barranco, e do outro uma encosta pedregosa, com buracos perigosos.

Ofélia conhecia bem o local, porque muitas vezes fora espionar a casa, Rosa e os filhos, corroída de ciúmes e inveja.

No domingo cedo foi para lá e escondeu-se perto da cocheira. Viu o preto velho que cuidava dos cavalos providenciar a charrete que os levaria à igreja.

Ao vê-lo afastar-se, talvez para avisar que a charrete estava pronta, Ofélia correu até a cocheira, pegando uma faca que trazia escondida na cintura e rapidamente examinou a correia que ligava a charrete aos cavalos. Observou que estava seca e gasta, e sorriu achando-se com sorte. Cortou parte da correia, deixando-a presa só por um pedaço e fugiu apressada, voltando para casa cautelosamente, para não ser vista.

Naquele domingo, Sérgio acordara febril e Rosa achou melhor que o filho ficasse acamado e não quis ir à igreja, preferindo fazer-lhe companhia. Foram à missa Paulo e Carla, a caçula, que estava com oito anos e era uma criança linda e inteligente.

Paulo gostava de andar com os cavalos a galope e todos sabiam disso. Rosa sempre temia suas disparadas, porém ele, quando estava com ela, ia mais devagar. Naquela manhã, só com a filha, chicoteou os cavalos, dois garbosos corcéis que dispararam e puseram-se a subir o morro. A filha ria, entusiasmada, fechando os olhos e sentindo o vento forte que desarrumava seus cabelos longos.

A correia acabou rompendo-se e desligando a charrete dos cavalos, que continuaram disparados e assustados. O veículo voltou alguns metros e Paulo pensou em pular, porém seu primeiro impulso foi salvar a filha, mas não teve tempo e rolaram pela ribanceira.

Paulo acordou horas depois, e já no seu leito, foi socorrido por trabalhadores que também iam para a cidade. Reconheceu o médico ao seu lado. Sentiu fortes dores pelo corpo todo, recordou o acidente e ficou aliviado por estar vivo.

– Carla, Carla, onde está você, filhinha?!

Lembrou-se aflito da filha e o médico bondosamente contou-lhe que a menina batera a cabeça numa pedra e faleceu.

Paulo chorou muito, sentindo-se culpado, e Rosa também sofreu bastante, mas consolou o esposo. Passados alguns dias, Paulo percebeu que não movia as pernas, e a triste notícia o deixou desalentado, porque fraturara a coluna e não mais andaria. Pensaram que o acidente poderia ter sido proposital, mas não tiveram como provar, já que a correia estava velha. Todos sabiam que Paulo corria e ninguém vira estranhos por ali, e, por isso, o ocorrido foi dado como acidente. Tanto Paulo como Rosa não descartaram que poderia ter sido tramado por Ofélia.

O casal passou a viver isolado e triste. Paulo tratava dos negócios em casa, e Rosa começou a ir ao armazém, mas logo Sérgio passou a ajudá-los e a cuidar de tudo e, com a morte da irmã, ficou a como único herdeiro. Sérgio teve vida longa, foi honesto, simples, bom administrador e empregador. Agora voltou com missão maior, ou seja, administrar uma fortuna imensa para o bem comum de muitas pessoas, que, através dela, terão salários dignos de seu sustento.

Paulo viveu oito anos no leito e desencarnou, amargurado. Rosa cuidou dele bondosamente, mas também tornou-se triste e quieta, só se alegrando com o filho.

Com a desconfiança de que poderia ter sido Ofélia a causadora do acidente, Paulo não quis mais saber da ex-amante e nunca mais os ajudou, não viu mais o filho e não se preocupou mais com ele.

Para sobreviver, Ofélia voltou ao trabalho de doméstica, tornando-se revoltada e descontando suas mágoas no filho. Caio era boa criança, obediente, trabalhador e ajudava a mãe em tudo o que podia.

Ofélia dizia sempre ao filho:

"Como me arrependo de não ter abortado você também. Se não fosse você, não teria que trabalhar tanto assim."

Era o que realmente sentia em relação ao filho. Também, não ligou para o infortúnio do ex-amante, mas a morte da menina a abalara e, por isso, começou a sentir remorsos e a sonhar sempre com o acidente. Tinha horror a esses sonhos e, se acordava durante a noite, fazia o filho ficar acordado a seu lado. Já com dez anos, Caio foi trabalhar numa farmácia, começando a ajudar nas despesas de casa. Logo após, a mãe parou de trabalhar e Caio passou a sustentá-la. Viveram miseravelmente e, quando Caio completou dezoito anos, Ofélia desencarnou.

Paulo e Ofélia encontraram-se no Plano Espiritual e sofreram com muitos rancores. Rosa, mais resignada, e Carla os ajudaram a se reconciliarem e, assim, arrependeram-se, reconheceram seus erros e pediram para reencarnar. Ofélia e Rosa seriam irmãs carnais para aprenderem a se amar, prometendo que iriam se respeitar e viver em paz. Ofélia, porém, culpava-se muito por ter provocado a desencarnação de Carla e a invalidez de Paulo. Planejou ficar inválida para resgatar os erros, para se ver livre do remorso que tanto a fazia sofrer. Escolheu, assim, passar pela mesma dor. E foi para proteger Carla, evitando que fosse atropelada, que veio nesta vida a tornar-se inválida. Como vê, Antônia, reencontraram-se, e Caio veio até eles como bastardo, Sérgio e Carla tiveram como mãe a ex-amante do pai, que odiaram e, graças a Deus, aprenderam a amar.

– É por isso – disse Antônia –, que Carla e Sérgio gostam tanto de Rosa e, a cada dia que passa, ligam-se mais a ela.

– Sim, reencontraram a antiga mãe. Ofélia traiu-a no passado e, nesta, duvidou da irmã e sofreu anos por isso, pensando que a irmã a tivesse enganado.

– Rosa é honesta e boa, e nunca pensou em prejudicar ninguém.

– Ofélia foi traída por Paulo, que teve algumas amantes.

– Sim, e eu fui uma delas. Mas diga-me, Antônio Carlos, o que aconteceu a Caio?

– Caio gostava de seu trabalho e tornou-se boticário na farmácia em que trabalhava. Após a morte da mãe, sua vida melhorou e passou a cuidar melhor de si mesmo, dedicando-se ao trabalho. Caio há muito vem ligado à Medicina, porém nunca a exerceu como deveria um bom cristão: com humildade e bondade. Orgulhoso por ser médico, julgava-se melhor que os outros. Na existência anterior, como lição a seu Espírito, teve vontade de estudar e não pôde e, então, aprendeu a dar valor aos estudos. Mas quem sabe, recorda. Por que entendia de doenças e remédios, tornou-se um boticário, um farmacêutico respeitável e muito procurado, que atendia a todos com carinho.

– Quase que Caio, nesta existência, não cursa Medicina, pois fazia outro curso – comentou Antônia.

– Antônia, quem quer ser útil e crescer, encontra oportunidade em qualquer profissão. Caio, embora tenha estudado Medicina no espaço antes de reencarnar, não assumiu compromisso para exercê-la novamente, quando encarnado. Inúmeros fatores e acontecimentos influem durante o estágio no corpo, podendo esses planos mudarem muito. Aprendemos bastante em cada função, em cada profissão exercida. O Espírito livre apura seus gostos e preferências. Caio, que nunca deixou de amar a Medicina, com a mudança que houve em sua vida, com a descoberta de sua adoção, ficou desejoso em exercê-la com maturidade e bondade.

– E você, meu amigo, planeja ser médico novamente, quando encarnar? – perguntou Antônia, sorrindo com sua indiscrição.

– Tenho ainda muito tempo de trabalho na Espiritualidade, porém quando encarnar não sei o que poderá falar mais alto, se meu amor pela Música, pela Literatura ou pela Medicina. Espero somente servir a Deus em qualquer função, minha indiscreta amiga.

– E Cidinha, Antônio Carlos? Minha filha ficou órfã e também foi adotada.

– Cidinha é ligada aos pais adotivos que, por abusarem da paternidade não puderam gerar seus próprios filhos. Assim, ela veio e é ente querido por vias ilegítimas, mas legítima pelo amor.

– Não estou ligada a esse grupo? E mais: Caio e Cidinha são estranhos para mim?

– Ninguém é estranho um ao outro, porque somos irmãos e a Humanidade toda é nossa família. Por afinidade e carinho, formamos grupos, onde os mais esclarecidos ajudam os retardatários.

– Devo ser uma das retardatárias, uma dessas pessoas que só pensam naqueles que a amam, para deles receber benefícios – disse Antônia, melancólica.

– Antônia, você tem sido egoísta, sem ligar verdadeiramente a ninguém. Agora já compreende, pois ficou preocupada com os filhos e ama-os com carinho. Começa, assim, a metamorfosear-se de lagarta em borboleta.

– Obrigada. Grata estou, meu amigo, e disposta a fazer tudo para melhorar. Que fui no passado?

– Você vestiu na vida anterior corpo do sexo masculino. Seus pais foram os mesmos que teve nesta e, sendo ricos, fizeram-lhe todos os gostos e caprichos. Orgulhoso e libertino, abusou de muitas mulheres e as abandonou. Seus pais, cientes do erro que cometeram na sua educação, retornaram pobres, em nova encarnação, e receberam-na por filha, dando-lhe amor e tentando transmitir-lhe boa formação. Para eles, foi de grande proveito a lição da pobreza, pois sofreram, mas resgataram seus débitos, só que não conseguiram fazer tudo o que pretendiam com você, ou seja, conduzi-la ao bom caminho. Você acabou ligando-se a Paulo e depois a Jerônimo, os quais a abandonaram. Agiu como fez com outras no passado. Nem os afetos maternais despertaram em você amor, na época. Porém a dor, sábia orientadora, acabou ensinando-lhe a lição, e você desperta, agora, para os valores reais da vida.

– Hoje, amo tanto meus pais, meus filhos e também os amigos que servem de pais aos rebentos que abandonei.

– Quando aprendemos a amar, tornamo-nos melhores, mais compreensivos e menos egoístas e, se purificarmos e ampliarmos esse Amor, nossa família será toda a Humanidade.

13

Libertação de Ofélia

Caio mudara, estava tranqüilo por ter seu problema resolvido e voltou a ser o rapaz alegre de antes. Também, não pensava mais em Cidinha e evitava vê-la ou falar dela. Aproveitou os dias que antecediam sua viagem, para continuar o estudo do Espiritismo. Uma questão veio a preocupá-lo: Sendo médico, teria muitas responsabilidades, e se falhasse? Poderia cometer erros!

Foi ao centro espírita no dia programado para passes e, no final, pediu ajuda a Irineu que prontamente o atendeu.

– Será, Irineu, que agirei certo? Agora, conhecendo a Doutrina Espírita e consciente do que seja errar, tenho medo.

– Caio, meu rapaz, não seja como aquele, da Parábola dos Talentos, que recebeu uma moeda e a enterrou. Quando se erra, com vontade de acertar, o erro não existe, mas sim um aprendizado. Erramos quando temos plena consciência e queremos o erro. Se deixar de fazer por medo, pensando que poderá errar ou não, estará enterrando a oportunidade. Você, Caio, estudando e seguindo o Espiritismo, terá as setas do caminho iluminadas. Caminhe, faça o que tem de fazer, com amor, e não errará, porém multiplicará seus talentos.

– Irineu, vou deixar meu futuro garantido financeiramente, para ser médico e não visar na profissão lucro material. Você acha certo?

– Quando encarnamos, chegamos sem dinheiro e partiremos igualmente sem levar um centavo. É justo receber remuneração pelo trabalho honesto, sendo que os ganhos materiais não nos devem preocupar em excesso. Só alcançaremos o equilíbrio não nos alegrando com o lucro nem nos entristecendo com o prejuízo. Se você intenciona ser útil, a Medicina é das melhores escolhas. Ganhará o bem que fizer. Transformará em virtudes sua aguda inteligência e será, então, um facultativo que amenizará dores. Caio, a ânsia por atividade, só voltada para o ganho de capital, mata em nós o senso de referência espiritual. Nossa preocupação com o material não deve ser maior do que com o espiritual. Acho certo sua escolha.

– Mas, Irineu, há muitas tentações! Como fazer para ficar só no Bem?

– Tudo o que existe no mundo, geralmente está misturado, à semelhança de uma combinação de terra e açúcar. Sendo assim, seja como uma sábia e laboriosa formiguinha, que pega somente o açúcar e deixa de lado a terra. Achamos sempre a verdade, o Bem quando procuramos com sinceridade. Você saberá seguir o Bem.

Caio, satisfeito, despediu-se de Irineu, pois o amigo respondera-lhe a contento.

No domingo seguinte, os jovens foram novamente ao orfanato.

Caio e Luísa foram brincar com as crianças menores e ficaram conversando:

– Luísa, é lindo o que vocês fazem: jovens pensando em ajudar!

– Caio, devemos auxiliar quando temos disposição e saúde, porque, depois, nós é que necessitaremos de ajuda. Li num livro que "Devemos chamar Deus para estar conosco no Verão de nossas vidas, no Inverno pode ser que o chamemos e Ele não possa vir."

– Beleza! Que contraste, uns ajudando e outros tão necessitados. Aqui temos órfãos e há, pelo mundo, os que estão em situações bem piores, abandonados e na miséria. Qual é sua opinião sobre este assunto, sábia Luísa?

– Quem me dera ser sábia, mas, se querer é poder, almejo aprender, aproveitar as oportunidades que estou tendo e tornar-me mais inteligente. Caio, a miséria, o abandono e as doenças são chicotes do nosso carma, que, muitas vezes, forçam-nos a buscar o verdadeiro significado da vida. Nada é injusto, mesmo estas crianças, pois estão tendo o aprendizado que necessitam.

– Será que conseguirei fazer todo o Bem que desejo?

– Vai fazendo... fazendo, e um dia o verá feito.

Um menino de sete anos aproximou-se deles e, sem motivo, deu um tapa em um dos pequenos.

– Não faça isso! – Caio segurou-lhe a mão.

– Por que bateu nele? – indagou Luísa.

– Porque gosto de ser mau, de ser importante.

– Que pensa ser, quando crescer? – indagou novamente Luísa, tentando entender o garoto.

– Chefe de bandidos.

A resposta veio tão espontânea, que deixou os jovens de boca aberta. E o menino, ágil, correu misturando-se com os outros de seu tamanho.

– Que me diz agora? – indagou Caio.

– Se não soubéssemos da Lei da Reencarnação, buscaríamos mil maneiras de entendê-lo. Mas, eis aí, meu estimado Caio, um Espírito rebelde que, se não for encaminhado, agora encarnado, nada aprenderá das lições que a vida lhe der. Vou tentar conversar mais com ele, nas próximas visitas, e orientá-lo.

– Noto, Lu, que muitas das crianças são pacíficas, mas outras sentem a falta dos pais, de carinho, ficando revoltadas e agressivas. A adoção não seria melhor para elas?

– É claro! Todos nós concordamos que o melhor para todas essas crianças seria a adoção. Porém o processo de adoção tem sido muito burocrático e, também, muitas dessas crianças não são órfãs, como se pensa. Têm pai ou mãe, e às vezes os dois, que na maioria estão separados e largam os filhos nos orfanatos, mas não aceitam que sejam adotados. E também, a procura maior por adoção é para recém-nascidos, já para os maiores é mais difícil. Olhe aquele ali, é Alexandre, tem oito anos e esteve três meses num lar para experiência; não deu certo e trouxeram-no de volta.

– Por quê?!

– Alexandre disse que gostou, só que eles, os pais adotivos, implicavam muito com ele. O casal disse que Alexandre não tinha bons modos e que era lerdo para aprender. Creio que não tiveram paciência, pois ele não conhece outro modo de viver, a não ser o do orfanato. Há muitos casos assim.

– Lu, talvez não sejam eles parentes espirituais, não é mesmo?

– É isso. Se fossem, o amor faria com que se aceitassem. Mas, Caio, temos que ampliar nossos laços afetivos e amar a todos. Não se pode exigir perfeição de ninguém, ainda mais de crianças. Com um pouco mais de paciência, haveria mais tolerância e menos abandonados.

– Tia Luísa, tive medo esta noite outra vez – queixou-se uma menina.

– Neusa, ore, sempre que tiver medo. Fale para você mesma que não quer se sentir assim e enfrente o medo que ele vai embora, minha querida.

A menina sorriu, correu para brincar e Luísa disse a Caio:

– Caio, só as boas e positivas sugestões deveriam ser dadas às crianças. Se tivessem somente bons exemplos, seriam educadas mais facilmente. Neusa é muito sensível, impressionada e está sempre com medo. Nosso grupo tem feito orações por ela.

As brincadeiras deram fim à conversa dos jovens amigos. Caio cansou, mas sentiu-se bem ajudando e alegrando as crianças. Estava consciente de que a melhor coisa que lhe acontecera foi ter encontrado o Espiritismo.

Na casa de Paulo, quando lá cheguei à tarde, Antônia conversava com uma simpática senhora, a quem se apressou em me apresentar.

– Esta é Ana, mãe consangüínea de Ofélia.

– Viemos, pela Bondade do Pai e merecimento de Ofélia, desligá-la do corpo – disse a senhora.

Foi então que vi, com Ana, dois socorristas espirituais que bondosamente ajudavam, com seu trabalho, muitos a desencarnarem suavemente.

Conversamos por minutos, trocando impressões, e fomos ver Ofélia. Nossa amiga estava sozinha na sala, pensativa, saudosa, recordando partes de sua vida. Estava com dores no peito desde cedo, e vinha ultimamente sofrendo muito e não estava passando bem. Ia regularmente ao médico, tomava os remédios certos, entretanto sentia que piorava. Não dissera a ninguém das dores no peito e pensava: "Se me queixasse todas as vezes que tenho dor, ou não estou bem, só faria isso. E quem me agüentaria? É horrível escutar queixas e, também, não é bom viver se queixando. Depois, as dores são minhas e sou eu quem devo aprender a conviver com elas." Resolveu, então, deitar-se.

"Talvez melhore" – disse alto.

No leito pegou seu rosário e orou com fé. Mesmo orando, as lembranças teimavam em lhe vir à mente e, por muitas vezes, suspirou alto. Quando acabou de rezar o terço, completou a oração de forma espontânea, bonita e sincera: "Deus, tanto tempo estou neste sofrimento! Será que não poderia libertar-me? Será que já não quitei minhas dívidas? Lembro-me do servo da Parábola, que devia dinheiro ao seu senhor, e que foi levado à prisão até pagá-la. Sofrer assim não é estar na prisão? Perdoei, pedi perdão e fui perdoada. Será, meu Pai, que não dá para libertar-me? Estou em paz, com a consciência tranqüila e sei que, depois da morte, viverei de outra forma, porque somos eternos. Não temo morrer, mas peço-lhe que não me desampare nesta hora e permita que seus Anjos venham ajudar-me. Vou em paz, deixo bem todos os que amo e, com minhas irmãs aqui, meus filhos ficarão amparados. Se não for pedir muito, meu Deus, olhe-os por mim, pois queria que não sofressem, que não sentissem minha falta. Eu..."

O coração de Ofélia, fraco, falhando, parou. Os dois socorristas começaram seu trabalho. Ela não sentiu mais dores e, por instantes, foi como se adormecesse. Quase desligada, voltou a si ou acordou e viu Ana à sua frente. Ofélia já desvestida do corpo, exclamou:

"Mãe! Mãezinha querida!"

"Vem, filhinha! Vem, Ofélia!"

Sorridente, foi ela ao encontro da mãe e adormeceu nos braços carinhosos dela.

Não demorou, Ofélia estava completamente liberta e partiram, com os dois socorristas e Ana, levando-a para uma Colônia.

Ficamos, Antônia e eu a observar o corpo físico de Ofélia, que mostrava expressão delicada e tranqüila. Minha amiga falou:

– Antônio Carlos, Ofélia teve uma desencarnação suave e bonito.

– Antônia, todos nós deveríamos fazer por merecer uma passagem assim. Todos sabem que irão desencarnar um dia, entretanto não pensam nessa mudança para si próprios e, por isso, não vivem de modo a merecer um desligamento sem maiores dores. Quem tem a consciência em paz e vive no Bem, nada tem a temer na morte do corpo, que é um processo normal, uma libertação. E Ofélia, estando sozinha, facilitou o trabalho dos socorristas. Porque, muitas das vezes, os encarnados, diante da partida do ente querido, desequilibram-se na emoção, dificultando o desligamento.

Ouvimos barulho e eram eles que chegavam. Tinham ido a uma sorveteria, aproveitando a noite quente e bonita.

Como sempre, Paulo chegou e foi ter com a esposa, porém não a encontrando na sala, foi procurá-la no quarto. Ao vê-la deitada, primeiramente pensou que dormia, depois estranhou o fato de ela ter se deitado tão cedo. Chegou mais perto, perguntou baixinho, curvando-se para dar o costumeiro beijo na testa.

– Ofélia, está dormindo? Está bem?

Estranhou mais ainda a esposa não responder e, observando-a melhor, tomou-lhe o pulso e não conseguiu senti-lo. Sacudiu-a.

– Ofélia, Ofélia!

Correu, então, para a sala.

– Caio, depressa, chama o Dr. Silva, que Ofélia não está bem.

Voltou para o quarto e foram todos atrás dele, menos Caio que correu ao telefone.

Zélia, ao olhar para a irmã, percebeu que era inútil qualquer socorro. Afastou Paulo e os sobrinhos de perto da irmã e pôs-se massagear seus pulsos e braços. Ninguém ousou falar. Carla e Sérgio, assustados, refugiaram-se nos braços de Rosa.

Dr. Silva morava perto e veio em instantes. Caio, que já o aguardava no portão, acompanhou-o ao aposento da mãe.

O médico não estranhou o chamado, pois sabia que Ofélia estava nos últimos momentos da vida física, e que seu coração cessaria de bater a qualquer hora. Percebeu, assim que a viu, que chegara o fim, mas, para certificar-se, auscultou-a demoradamente. E com voz pausada falou:

– D. Ofélia está morta, descansou.

Carla gritou, chorando alto e seu choro foi acompanhado por todos.

Paulo sentiu-se mal e, imediatamente, Zélia e Dr. Silva correram para ampará-lo e acalmá-lo. Sérgio e Carla abraçados a Rosa recebiam dela conforto e carinho. Caio ficou em pé ao lado de Ofélia, olhava o corpo imóvel daquela que fora sua mãe de amor, e falou, em lágrimas:

– Aqui está só um corpo, ninguém morre, pois somos eternos. Mamãe Ofélia deve estar no reino de Deus, entre os bem-aventurados, entre os que aprenderam a amar. Obrigado, mamãe!

Zélia então percebeu o sofrimento de Caio, correu e abraçou-o. Então ele chorou nos braços da tia.

Foi com tristeza, mas sem desespero, que velaram e sepultaram o corpo de Ofélia.

Os dias para eles passaram lentos. No sétimo dia, como era seu costume, foram à missa e, após, voltaram e reuniram-se na sala. Caio falou emocionado:

– Acho que devemos voltar normalmente aos nossos afazeres. Mamãe entristecia-se quando via um de nós triste e, se pode nos ver, não ficará alegre conosco. Ela somente partiu primeiro, pois não acredito em separação. Mamãe ausentou-se e iremos reencontrá-la um dia. Devemos retornar a nossos afazeres e tentar alegrar-nos, porque poucos têm ou tiveram o privilégio de ter uma mãe como ela. Será nosso exemplo por toda a vida. Acho também que devemos dar tudo o que era de mamãe: suas cadeiras, cama, roupas, porque se ficarem guardados, de nada servirão, mas doados serão úteis a outros que necessitam. Não é necessário guardar nada, para lembrarmos dela, pois mamãe sempre estará viva em nós, em nossos corações.

– Posso fazer isso amanhã mesmo – disse Carla. – Tia Rosa me ajudará. Mamãe agora não será mais inválida e não necessitará de cadeira de rodas. Entristecia-me vê-la sentada nela, principalmente sabendo que passou anos assim por minha causa.

Sei que ela não gostava que se falasse nesse assunto, mas foi para salvar-me que sofreu o acidente. E, se as cadeiras foram úteis a ela nesses anos, será agora a outros. Quero lembrar de mamãe sadia, não doente.

– Isto mesmo, filha – falou Paulo –, lembraremos de Ofélia como o Anjo Bom... e anjos não morrem.

– Com Ofélia morta – disse Zélia –, acho que Rosa e eu deveremos pensar em mudarmos, arranjar emprego...

– Quê! Tia Zélia?! – exclamou Carla com seriedade –, abandonar-nos agora que necessitamos das senhoras?!

– Não permitirei – disse Caio, lembrando da promessa que fizera à mãe. – Não pensem em ir embora daqui. Cuidem de nós e permitam-nos que cuidemos das senhoras.

– Por favor – disse Paulo –, fiquem conosco, porque era isso que Ofélia queria e é o que desejamos. Ajudem-nos a passar estes momentos difíceis, portanto fiquem e cuidem da casa, de nós, de Carla, tão mocinha, ainda.

– Nunca vou me esquecer de mamãe – disse Sérgio indo sentar perto de Rosa, que o aconchegou em seus braços.

Zélia sentiu-se aliviada, pensando mais na irmã que em si. Olhou para Rosa que, com a cabeça, concordou em ficar e falou:

– Ficaremos, mas com a condição de que nos avisem, se nos tornarmos importunas

– Papai – disse Caio – se não se importar, vou viajar.

– Vá, filho, descanse e se distraia. Você tem razão, devemos continuar a viver e tudo deve retornar ao normal. Sérgio, quero você na fábrica amanhã, pois precisa conferir as mercadorias que chegaram. E você, Carla, aos estudos, pois não quero notas baixas.

Voltei a Antônia:

– Despeço-me, minha amiga, devo partir.

– Obrigada, Antônio Carlos. Sem sua ajuda não teria conseguido resolver o problema de meus filhos. Ajudou-me com sabedoria, deu-me preciosas lições de como auxiliar.

– Só ao Pai devemos nossos agradecimentos. Encho-me de alegria por deixar todos bem. Nem sempre tenho este prazer.

– Vou ficar mais um tempo aqui – disse Antônia. – Com a permissão de meus superiores, venho trabalhar no Centro que Caio freqüenta, e tenho também permissão de vê-los com freqüência. Não se esqueça de nós, Antônio Carlos, venha visitar-nos quando puder. Até logo, meu amigo.

– Até logo, Antônia.

14

Gratidão

Dois anos se passaram...

Levado novamente por um trabalho entre encarnados, estava na cidade onde Caio residia com a família. Sabia por amigos comuns que Antônia estava com seus familiares, cumprindo o que prometera, e fui visitá-los.

Na antiga casa de Ofélia nada modificara. Cheguei ao jardim e não vi ninguém, tudo estava silencioso. Ansioso por rever minha amiga, chamei-a mentalmente. Sem obter resposta, já voltava, quando ouvi: – Antônio Carlos!

Antônia veio ao meu encontro sorrindo e, ao seu lado, estava Ofélia, sadia e bonita. Vinham da rua.

– Antônio Carlos, que prazerosa visita! – disse Antônia e, virando-se para Ofélia, continuou: – Este é o amigo de que lhe falo. Com sua ajuda, evitamos que Caio e Cidinha se casassem.

– Prazer em conhecê-lo. Como vai? – E Ofélia estendeu-me a mão.

Convidaram-me a entrar. A sala não se modificara, só não estava mais ali a cadeira de rodas.

– Sem ela, a sala fica mais bonita – disse Ofélia sorrindo.

Barulho. O pessoal chegava. Reconheci-os, eram Carla, mais adulta e muito bonita, junto com Rosa que me pareceu mais jovem, feliz e trazendo uma criança nos braços. Passaram pela sala e foram colocar o bebê no quarto.

– Tudo indica que modificações aconteceram por aqui – disse.

– Antônio Carlos, você deve estar querendo saber o que aconteceu, nestes meses, não é? – disse Antônia, que não esperou pela minha resposta, e continuou: – Depois da sua partida, Caio viajou e, três meses mais tarde, voltou. Estudou muito, passou no vestibular e, agora, cursa Medicina com muito gosto. Está contente e continua uma pessoa encantadora, sendo nosso orgulho. Nem recorda mais a triste história do seu nascimento. Gosta de Cidinha como irmã, mas não namora ninguém, nem pensa em se casar ou namorar. No momento, sua preocupação é com seus estudos. Sérgio demonstra ser bom administrador e trabalhador, constituindo-se no braço direito do pai e, por ser justo e leal, é estimado pelos empregados. Consolou Cidinha, quando ela e Caio romperam o namoro, tornaram-se amigos e acabaram apaixonados. Hoje, formam um casal de perfeito entrosamento e vão se casar no ano vindouro, para a alegria das famílias.

– E o nenê? – indaguei curioso.

– Paulo, ao ficar viúvo, passou a ser muito cobiçado, principalmente por sua secretária, uma moça que, segundo Carla, era chata e ambiciosa. Os jovens ficaram preocupados, temendo que o pai viesse a casar-se com uma pessoa inadequada. Carla, inteligente e feminina, descobrindo que Rosa amava seu pai, reuniu os irmãos e combinaram unir os dois. Entusiasmados com a idéia, fizeram tudo para que ficassem a sós, que saíssem juntos; enfim, pediram à tia para que se casasse com o pai, e ao pai para casar-se com a tia. Deu certo, acabaram combinando e casaram para a satisfação dos jovens, que amavam Rosa como mãe. O nenê é filho de Paulo e Rosa.

– Chama-se Ana Ofélia – completou Ofélia sorridente. – Aqui estamos em visita, pois trabalho com Antônia, no centro espírita que conheceu e onde Caio costuma ir. Antônia e eu somos grandes amigas e sempre que temos permissão aqui estamos. Hoje, Rosa e Carla levaram Ana Ofélia ao médico, por estar resfriada e viemos acompanhá-las. Estou muito bem, sou feliz e venci o egoísmo e, também, meus vícios, nos anos em que passei inválida. Não quero mais me interpor entre Rosa e Paulo, porque eles se amam e, sendo assim, quero vê-los bem e felizes. Sou grata a Rosa, que é como mãe para meus filhos, eles se amam, estão bem e unidos.

Conversas alegres anunciaram a chegada de Caio, Paulo e

Sérgio. Reuniram-se na sala e o assunto era Ana Ofélia. Nisso, ela chorou e os jovens saíram correndo para o quarto e foi Sérgio quem voltou com ela nos braços.

A pequenina tinha três meses de idade, era linda, rosada, com expressão delicada e sorria para todos, encantando-os.

– Par!

– Ímpar!

Eram Caio e Carla, a tirar a sorte, para ser o próximo a pegá-la.

Rosa e Paulo, de mãos dadas e sorrindo, olhavam os dois, estavam felizes.

– E Zélia? – perguntei.

– Zélia voltou para nós, há seis meses e veio tranqüila deixando Rosa bem. Está recuperando-se ao lado do esposo – esclareceu-me Ofélia, e completou: – Hoje, Antônio Carlos, é o dia em que fazem o Evangelho no Lar. Convido-o, fique conosco e nos dará imensa alegria, será logo após o jantar.

– Ficarei – disse, não podendo recusar tão delicado convite.

– Caio – continuou Ofélia orgulhosa – continua firme nos estudos espíritas e, aos poucos, foi encaminhando todos. Carla, Sérgio e Cidinha freqüentam o grupo de jovens, e Paulo e Rosa juntamente com Marcelo e Helena vão a palestras e, também, nos dias de passes. A Doutrina Espírita encanta e esclarece a todos.

Após o jantar, retornaram à sala e Carla estava toda feliz com a irmãzinha no colo. Sentaram-se em círculo e Caio pegou *O Evangelho Segundo o Espiritismo*. Antônia, Ofélia e eu ficamos em pé ao lado deles. Caio abriu o livro no lugar marcado, pois estava lendo o esclarecedor livro, desde o começo. A página aberta foi a parte final do capítulo XIII. Leu sobre os órfãos e as perguntas e respostas sobre a ingratidão. Acabando o capítulo, fechou o Evangelho e comentou com voz agradável:

– Jesus disse que não veio negar o que Moisés havia dito, mas completar o que ele ensinara: "Olho por olho, dente por dente". O Mestre Jesus ensinou: "Sirva, ame e, se alguém lhe bater na face esquerda, dê também a direita; se alguém exigir que caminhe com ele mil passos, ande mil e mais dois mil". Não estamos aqui na Terra encarnados só para pedir e rogar favores, mas para fazer, crescer, servir e ser gratos. O homem esquece mais facilmente o Bem que recebe e lembra-se mais daquilo que o aflige. Devemos acostumar-nos a fazer o contrário, ou seja, recordar o Bem que recebemos, os favores obtidos e esquecer o Bem que fazemos, os favores que prestamos. Para a maioria, Deus é necessariamente bom e amoroso Pai, mas que está à disposição para que, a qualquer momento, imploremos graças e Ele nos atenda de imediato. E, ainda, acreditam que, se não necessitarem, Ele afasta-se e fica aguardando, para quando precisarem. Seria uma Entidade a seu serviço e, se não forem atendidos, revoltam-se. Exigem e querem receber, sem entretanto lembrar que já recebem muito. E, por este muito que recebemos, devemos ser gratos... profundamente gratos.

Lembro-me agora de uma das inúmeras curas que Jesus fez, a dos dez leprosos. Jesus encontrou-os pelo caminho e atendeu seus rogos, mandando-os que se apresentassem às autoridades e, pelo caminho, foram limpos, sararam. Com essa conduta muitos continuam: encontram Jesus em templos, nas orações, em centros espíritas, rogam socorro e são aliviados, porém poucos são gratos. Pelo Evangelho, sabemos que só um mostrou gratidão para com seu benfeitor, um só ex-leproso voltou para agradecer, e de Jesus escutou: "Tua fé te salvou". Este foi realmente curado, porque seu Espírito tornou-se são. A gratidão é um dos primeiros passos que damos, ao aprender a Amar. É sentimento tão belo, porém pouco sentido e praticado. Devemos ser reconhecidos e ter pelos nossos benfeitores um carinho especial.

Devemos ser reconhecidos, mas não exigir gratidão de ninguém. Nem a maneira educada do "Muito obrigado" devemos cobrar de nossos beneficiados.

A Deus tudo devemos e, antes de pedir, devemos agradecer por sermos seus filhos e por termos a Ele como Pai Amoroso.

Aproveitemos, ao estarmos aqui reunidos, para agradecer ao Pai a oportunidade de estar encarnados, de ter uma família, amigos, de estudar, de amar e ser amados.

Também, devemos ser gratos a todos e a tudo o que nos cerca, inclusive aos nossos pais, por aceitarem-nos como filhos, dando-nos carinho e amor. Aos nossos irmãos, por amar-nos e tê-los como amigos. Agradecemos à nossa querida Ana Ofélia, Espírito que quis vir a nós, enchendo nosso lar de alegria. À tia Rosa que nos adotou pelo coração e tanto carinho nos tem dado.

Vamos agradecer também aos desencarnados, os bons Espíritos que nos têm ajudado, aconselhado e orientado. Nem sempre ficamos sabendo o muito que nos fazem, mas os sentimos sempre que nos dão coragem e força.

Nossa gratidão maior deve ser por termos conhecido o Espiritismo, pela compreensão que dele recebemos e pelo entendimento da vida, através da qual passamos de necessitados a aprendizes, a servos de Jesus.

Agradecemos por estar aqui reunidos, unidos pelo carinho, em oração.

Não nos esquecemos, também, de nossa mamãe Ofélia, da gratidão que sentimos por ela. Pessoa maravilhosa que esteve em nosso convívio, ensinando-nos com seu imenso carinho e amor. Onde esteja, mamãe, receba nosso abraço amoroso!

A todos os que trabalham, constroem, ajudam e ensinam em Seu nome, Senhor, nosso obrigado!

Vamos, agora, pensar na Natureza, no fogo, água, terra, matas, ar e no vento. Vamos limpar-nos, com o pensamento e lançar fora os fluidos ruins e as energias negativas.

Pensemos novamente na Natureza, na Luz e em Jesus, nesse Espírito maravilhoso, nosso Irmão Maior, a nos abençoar.

Caio fez uma pausa e os familiares ali presentes estavam unidos, comungando as mesmas idéias.

Todos os fluidos negativos foram trocados por energias salutares que, administradas, saturaram a casa, os corpos e os espíritos, de fluidos maravilhosos que a oração e o estudo do Evangelho nos trazem e nos beneficiam tanto.

Oraram juntos, em voz alta, o Pai-Nosso. O culto do Evangelho no lar terminou e todos, então, conversavam, alegres.

Lágrimas corriam nos rostos de minhas emocionadas amigas. Não ousei falar, apenas despedi-me com um simples aceno de mão e parti com a imagem na mente de um lar cristão, feliz, e de Antônia e Ofélia a me responderem o aceno, sorrindo.

Envolvido pela beleza do firmamento, cheguei à Colônia:

– "Graças, graças lhe rendo Criador do Universo, por nos criar pequenos e por nos ter dado a Terra como lar e escola abençoada."

Fim

Se você gostou deste livro, o que acha de fazer com que outras pessoas venham a conhecê-lo também? Poderia comentá-lo com as pessoas do seu relacionamento, dar de presente a alguém que você sinta estar precisando ou até mesmo emprestar àquele que não tenha condições de comprar. O importante é a divulgação da boa leitura, principalmente da literatura Espírita. Entre nessa corrente!

Livros de Antônio Carlos

Psicografados pela médium

Vera Lúcia Marinzeck de Carvalho

MUITOS SÃO OS CHAMADOS

Marcos, jovem médico, vê no trabalho somente um meio de ganhar dinheiro. Mas gravemente enfermo é desenganado pelos médicos. Submetendo-se à uma operação espiritual se recupera; mas ainda assim não se mostra sensível aos chamamentos do "Alto" na ajuda aos mais necessitados. Só vem a compreender seu erro, anos depois, após o seu desencane, quando então descobre que as ambições materiais não tem valor!

REPARANDO ERROS

Dois espíritos lutam para progredir espiritualmente, conscientes, dos seus erros. Em épocas remotas usaram a Medicina indevidamente, fazendo de seres humanos suas cobaias, esperando enriquecerem-se de glórias. Com esse vil propósito, fizeram muitas maldades a irmãos companheiros da romagem física. Vem o sofrimento como corretivo. A Dor e o trabalho como progresso, os fazem terem consciência de seus erros.

CATIVOS E LIBERTOS

Romantismo e aventura são os ingredientes deste livro. O leitor irá participar de uma história envolvente. Inicia com o retorno de Jorge, que foi a França para estudar. No momento da chegada, seu irmão é brutalmente assassinado. Seu pai já esta morto, sem que ele soubesse e um punhado de problemas a serem resolvidos. E ainda tem tempo para apaixonar-se pela filha do maior inimigo da família!

A MANSÃO DA PEDRA TORTA

Ana, jovem professora de línguas, busca novo emprego, sem saber que está prestes a ficar frente-a-frente com o seu passado. Tramas de reencarnações passadas virão a tona, e ela terá que se reconciliar com antigos inimigos. Um romance fascinante, cheio de mistérios e suspense!

Os livros da Patrícia já são best sellers

VIOLETAS NA JANELA

Primeiro livro da série, onde a jovem autora, que desencarnou com apenas 19 anos, conta como isso ocorreu e sua adaptação no Mundo Espiritual. Você irá apreciar o relato, descrevendo as descobertas do outro lado da vida. Como é o dia-a-dia do espírito, como se vestem, suas necessidades físicas, etc. Você irá se encantar com este livro.

VIVENDO NO MUNDO DOS ESPÍRITOS

Agora já ambientada à nova "vida", Patrícia nos leva, através dos cursos que realiza, conhecer e entender várias regiões espirituais, tais como o Umbral, as Colônias, Postos de Socorros e outras localidades. Muitos temas são transmitidos e analisados, sempre com a saudável curiosidade que é a peculiaridade da autora.

A CASA DO ESCRITOR

A casa do Escritor é um local fascinante onde se reúnem todos aqueles que de uma forma ou de outra trabalham com literatura moralizante, principalmente a literatura Espírita. Lá, o espírito aprende a ditar textos aos médiuns, aprende também técnicas de redação. Patrícia ainda arruma tempo para contar o seu passado, uma bonita história de final romântico.

Todos psicografados pela médium
Vera Lúcia Marinzeck de Carvalho

Quatro livros incríveis de Eurípedes Kühl

ANIMAIS NOSSOS IRMÃOS

Muitas das aparentemente insondáveis questões sobre os animais que o Espiritismo clareia constantes desta obra:

- para onde vão os animais quando morrem?
- como é a vida das espécies na espiritualidade?
- se não têm inteligência como a humana, quem os orienta depois da morte?
- por que alguns animais sofrem tanto e outros têm regalias?
- animais têm carma?

INFIDELIDADE E PERDÃO

Romance do Espírito Josué

A infidelidade conjugal sugere, de início, prazer, porém, cedo ou tarde, a vida no incessante pulsar da realidade, sempre corretiva, implode o edifício erguido sobre o alicerce da paixão, deixando pessoas e famílias em escombros.

Neste romance você irá ver tais implosões, que infalivelmente ocorrem como conseqüência de todos os relacionamentos sexuais irresponsáveis.

FRAGMENTOS DA HISTÓRIA

Pela ótica Espírita

Da criação do mundo aos dias atuais, o autor conta fascinantes **Fragmentos da História pela ótica espírita** com muita leveza e singularidade literária. Foram quase 5 anos de incansáveis pesquisas. Mais de 100 obras consultadas. Muitos especialistas ouvidos. Tudo isso para compactar milênios de histórias da humanidade às reflexões doutrinárias à luz do espiritismo.

SEMPRE HÁ UMA ESPERANÇA

Romance do Espírito: **Roboels**

Karen, belíssima moça busca os bens materiais, como riqueza e glória a todo custo, nem que para isso tenha que machucar outras pessoas. Seu espírito protetor ou "Anjo da Guarda" como é popularmente conhecido, é o narrador da história e sofre muito com as atitudes de sua protegida tentando por todos os meios levar Karen para o bom caminho. Será que ele conseguirá? No decorrer da narrativa, o leitor irá participar de uma história fascinante, de amor, renúncia, e principalmente a luta contra uma doença cruel: a AIDS. Não deixe de ler esse livro!

IMPRESSÃO E ACABAMENTO
Bartira Gráfica e Editora Ltda.